(Conserver la Couverture)

183402

UNIVERSITÉ D'AIX-MARSEILLE — FACULTÉ DE DROIT

LE

PAIEMENT DES SALAIRES

EN NATURE

THÈSE POUR LE DOCTORAT

PAR

Antoine LECONTE

AVOCAT AU BARREAU DE MARSEILLE

AIX-EN-PROVENCE

ANCIENNE MAISON REMONDET-AUBIN

FONDÉE EN 1816

JULES BARTHÉLEMY SUCCESSEUR

Imprimeur de la Cour d'Appel

De l'Université et des Grandes Administrations

53, Cours Mirabeau, 53

1900

UNIVERSITÉ D'AIX-MARSEILLE — FACULTE DE DROIT

LE

PAIEMENT DES SALAIRES

EN NATURE

THÈSE POUR LE DOCTORAT

PAR

Antoine LECONTE

AVOCAT AU BARREAU DE MARSEILLE

AIX-EN-PROVENCE
ANCIENNE MAISON REMONDET-AUBIN
FONDÉE EN 1816
JULES BARTHÉLEMY SUCCESSEUR
Imprimeur de la Cour d'Appel
De l'Université et des Grandes Administrations
53, Cours Mirabeau, 53

1900

A MON PÈRE

A MA MÈRE

BIBLIOGRAPHIE

PÉRIODIQUES

LA RÉFORME SOCIALE. — 1er Mai 1883. Lettre de M. Von der Luhe.

L'ÉCONOMISTE FRANÇAIS. — 1891, T. I. Lettre de M. Cosseron de Villenoisy.

REVUE CRITIQUE DE LÉGISLATION ET DE JURISPRUDENCE. — 1er avril 1894. 1er juin 1894. Article de M. Jules Cabouat : « La Réglementation législative des salaires. »

LA FRONTIÈRE. — Journal de l'arrondissement d'Avesnes. 28 juillet 1889.

TRAITÉS

BAUDRILLART. — Manuel d'Economie Politique. Paris, 1872, t. I. 2 vol.

BRY. — Cours élémentaire de Législation Industrielle, Paris, 1895.

CAUWÈS. — Cours d'Économie Politique. Paris, 1893. 4 vol. t. III.

GIDE. — Principes d'Économie Politique, Paris 1894.

LEROY-BEAULIEU. — Traité théorique et pratique d'Economie Politique. Paris 1896, 4 vol. t. II.

J.-B. SAY. — Economie Politique, Paris 1840. 2 vol. t. I.

AUTRES OUVRAGES CONSULTÉS

BELLOM. — Les lois d'assurances ouvrières à l'étranger. Paris 1892-1896, 3 vol.

BRENTANO. — La question Ouvrière. — Paris, 1885. trad. par L. Caubert.

BRICE. — Les Institutions Patronales. Paris, 1895.

COMTE DE PARIS. — Situation des ouvriers en Angleterre, Paris 1884.

DEPPING. — Règlements sur les arts et métiers de Paris. Paris 1835.

DISRAELI. — Sybil, roman anglais, Paris 1881. trad. par P. Lorrain.

FAGNIEZ. — Etudes sur l'industrie au XIII⁰ s. Paris 1877.

DE FOVILLE. — Enquête sur les conditions de l'habitation en France. Paris 1894.

GLASSON. — Le Code Civil et la question ouvrière. Paris 1891.

HAUSER. H. Les Ouvriers du temps passé. Paris 1899.

HUBERT-VALLEROUX. — Les corporations d'Arts et Métiers et les syndicats professionnels. Paris 1885. — Le contrat de travail. Paris 1895.

LAVOLLÉE R. — Les classes ouvrières en Europe. Paris 1884. 2 vol.

LAMBERT. — Essai sur la protection des salaires. Paris 1897.

LE PLAY. — Les Ouvriers Européens. Paris. 1858. 5 vol.

MARTIN ST.-LÉON. — Histoire des Corporations de métiers depuis leur origine jusqu'à leur suppression en 1791. Paris 1897.

OFFICE DU TRAVAIL. — La Petite Industrie. (Salaires et durée du travail) t. I. L'alimentation à Paris, t. II, le vêtement à Paris. Paris 1893-1894.

SISMONDI. — Etudes sur l'Economie Politique, XVI⁰ essai. Paris 1827.

Smith (Adam). — Recherches sur la nature et les causes de la richesse des nations, Paris, 1843, 2 vol.
trad. de Germain Garnier.

Walker (Franc A.) — The Wages question. London
1877.

INTRODUCTION

—

La solution de la question ouvrière passionne déjà depuis de longues années l'humanité entière. Sous l'action puissante d'esprits éminents et philanthropes, le problème des améliorations à apporter au sort de la classe ouvrière est tous les jours discuté. Tous les jours quelque effort nouveau, quelque généreuse tentative sont faits dans le but de donner quelque soulagement aux classes malheureuses de la société.

Les esprits qui sont à la tête de ce mouvement considèrent que la disproportion entre le sort de certains hommes et celui de certains autres qui vivent du travail de leurs mains est véritablement trop grande, que certains sont trop heureux matériellement alors que d'autres ignorent les satisfactions du bien-être et de l'aisance. Ils ont pensé qu'il était contraire à toute morale sociale, et même dangereux pour le maintien de l'harmonie générale, qu'il existât entre hommes des différences aussi profondes et aussi injustes dans le sort de chacun.

L'état des classes laborieuses est en effet tel qu'il légitime toute les tentatives faites pour l'améliorer. Le développement de la grande industrie a amené la création de centres industriels considérables dans lesquels se trouve agglomérée une immense population ouvrière vivant dans des conditions absolument contraires aux principes élémentaires de l'hygiène. Les exigences de la grande production, l'offre énorme de la main d'œuvre, le taux véritablement bas des salaires, les chômages, les accidents, tout contribue à faire de cette population ouvrière une grande classe de déshérités dont la dégradation morale et physique s'accomplit lentement par suite des progrès effrayants de l'alcoolisme et de l'absence de mesures d'hygiène.

En dehors de toute idée d'organisation collectiviste et d'égalisation sociale, il est certain que le spectacle de telles infortunes en regard du bien-être des classes aisées est très propre à donner l'idée de réformes sociales à accomplir. D'aucuns parlent d'injustices à réparer, d'organisation nouvelle de la société. D'autres, plus pratiques et plus sages, pensent qu'il est possible d'apporter quelques modifications au sort des ouvriers sans bouleverser l'ordre social. Les uns tendent à remplacer en totalité ou en partie le salariat par le système des associations ouvrières devenant des entreprises de production ou par l'intervention de l'Etat, de manière à réunir en une seule la personne du patron et de l'ouvrier. Les autres cherchent une solution sans changer la situation des ouvriers au point de vue du salariat. Ceux-là veulent atteindre leur but par la création de lois bonnes et simples interdisant toutes les pratiques nuisibles à l'ouvrier et prescrivant nombre de mesures propres à faciliter le développement le plus grand possible de ses facultés et une participation proportionnelle aux biens matériels de la civilisation.

Il est curieux de constater qu'avant ces dernières années il n'existait qu'un nombre excessivement restreint de lois concernant les ouvriers. Cette classe sociale qui a pris durant notre siècle une expansion aussi considérable n'existait pas légalement. C'est ainsi que le Code Civil n'accorde que deux ou trois articles seulement, « dont l'un inique et les autres insignifiants » (1) au contrat de travail qui régit les trois quarts de la population de nos sociétés modernes. Et même à ce jour on n'a à peu près rien fait pour combler cette lacune. La règlementation du contrat de salaire exigerait presque tout un code. Or il n'a fait l'objet que de deux lois d'importance secondaire (2) et de quelques projets de lois ballotés depuis longtemps entre la Chambre et le Sénat sans pouvoir aboutir.

(1) Ch. Gide. Préface de l'« Essai sur la Protection des Salaires » par M. Lambert.
(2) L. du 2 août 1868. — L. du 27 décembre 1890.

A coté du Code Civil, il n'existait qu'une législation
très insuffisante, généralement injuste, concernant les
ouvriers soit au point de vue de leurs rapports avec leurs
patrons, soit au point de vue de leur développement ma-
tériel et moral. L'insuffisance de ces lois spéciales s'explique d'ailleurs par ces deux considérations : et d'abord
qu'on ne pouvait règlementer au début la grande industrie et qu'il fallait pour cela attendre qu'elle ait atteint
l'apogée de son développement, et ensuite que lorsque la
grande industrie fut en pleine force, on a vu dans les
revendications ouvrières un danger social et on leur a
refusé tout pour les combattre. Aujourd'hui, beaucoup
pensent sagement que le plus sûr moyen d'empêcher que
les revendications ouvrières ne deviennent violentes et
ne portent atteinte à l'ordre social est de les satisfaire
dans la mesure où elles sont légitimes et nécessaires.

C'est ainsi que depuis quelque temps une grande flo-
raison de lois et de projets de lois s'est produite. Leur
but est d'organiser pratiquement pour les ouvriers la
jouissance de droits que les principes seuls sont insuffi-
sants à leur faire obtenir. Ils veulent prendre les mesures
nécessaires pour réaliser la liberté prévue par la législation et l'égalité des droits qui manque de fait à l'ouvrier
lorsqu'il conclut le pacte de travail, d'empêcher en d'autres termes que le prix du travail ne soit exclusivement

fixé par le patron, de restreindre la domination que beaucoup de chefs d'industrie ont conquise sur l'existence physique, intellectuelle et morale de l'ouvrier, sur les dépenses de son ménage, sur sa vie sociale et politique, par des conditions imposées au pacte de travail, d'assurer l'existence matérielle de l'ouvrier et de sa famille contre les dangers qui les menacent : le chômage et l'incapacité de travail. Ils veulent en outre amener les ouvriers au développement le plus grand possible de toutes leurs facultés en cherchant à élever sous tout rapport leur niveau intellectuel et moral. En un mot ils ont pour but, non pas seulement des mesures économiques, mais encore des mesures sanitaires, morales et politiques. Les efforts des législateurs se sont plus particulièrement portés sur les améliorations à apporter au contrat de salaire et sur les moyens pratiques de le défendre. En effet la protection du salaire se présente sous ces deux aspects : l'améliorer et le défendre.

L'amélioration du salaire s'effectue surtout par les institutions de patronage. Elle comprend les mesures par lesquelles « le patron consent à faire à ses ouvriers des répartitions en sus de leurs salaires, pour qu'ils en disposent comme ils le jugent convenable ou qu'ils les affectent à des œuvres de prévoyance et d'épargne. » (1) C'est

_____

(1) Bry. Législation Industrielle, p. 129.

ainsi que certains patrons ont institués dans leurs usines
tout un système de primes ou gratifications qui élèvent le
salaire de l'ouvrier en le stimulant à travailler davan-
tage. D'autres usent du procédé de la majoration des
salaires qni permet de constituer en faveur de l'ouvrier
un capital qui l'aidera dans sa vieillesse. D'autres enfin
ont employé la participation aux bénéfices qui a pour but
d'augmenter le salaire de l'ouvrier par une quote part
des bénéfices de l'entreprise. C'est encore dans le but
d'améliorer le salaire que les patrons ont fondé dans leurs
usines de nombreuses institutions de patronage : les
unes pour l'éducation : salles d'asile, écoles, cours d'apprentissage, sociétés de réunions et de conférences,
bibliothèques ; les autres relatives a l'hygiène et à la sécu-
rité des ouvriers : bains, lavoirs, crèches, habitations
ouvrières, associations pour prévenir les accidents ; et
c'est encore faire œuvre d'amélioration du salaire que
d'assister l'ouvrier et de le pousser à l'épargne et à la prévoyance par la constitution de caisses de secours, de
retraites, d'assurances.

Mais il ne suffit pas de donner au salaire son maximum
d'utilité en l'améliorant, il faut encore le défendre contre
ceux qui ont pour but de spéculer sur le travail des
ouvriers. L'amélioration du salaire est l'œuvre du patron
en faveur de l'ouvrier. La défense du salaire est l'œuvre

de l'ouvrier ou de la loi contre le patron qui veut exploiter ses employés. C'est dans ce but que des lois ont donné aux ouvriers le droit de se coaliser et de se mettre en grève et institué l'arbitrage qui doit sauvegarder les droits réciproques des employeurs et des employés. C'est ainsi que le marchandage et que la pratique du sweating-system ont été interdits.

En étudiant le paiement des salaires en nature nous avons eu pour but d'étudier une situation économique qui aboutit à une mesure défensive du salaire. Le salaire en nature comme nous le verrons a engendré le truck-system. Le truck-system est interdit dans la plupart des pays civilisés. En France aucune loi n'est venue règlementer le paiement des salaires en nature et cependant des abus n'ont pas laissé que d'être commis.

Aussi dès le 20 janvier 1890. M. Maxime Lecomte déposait un projet de loi, sur le paiement des salaires des ouvriers. L'exposé des motifs de cette proposition de loi donne d'une façon magistrale les raisons qui nous ont fait considérer cette étude comme opportune.

Nous ne saurions trouver un meilleur résumé des causes qui font l'objet de ce travail sur le paiement des salaires en nature. Le voici tout au long :

« Il reste à réglementer le paiement lui-même, à prescrire le paiement en espèces, de façon à faire disparaître des abus malheureusement trop fréquents.

« Dans un certain nombre d'usines, les patrons effectuent une retenue sur le salaire de l'ouvrier soit en le
payant en marchandises, bons ou jetons au lieu de le
faire en monnaie ayant cours, soit en le contraignant à
acheter tout ce dont il peut avoir besoin dans un économat dépendant de l'établissement industriel, ou bien chez
des fournisseurs déterminés, imposés par les patrons.
C'est ce que l'on a appelé le Truck-System. Autant le
mouvement coopératif est recommandable et bienfaisant
dans ses résultats en donnant aux ouvriers des habitudes
d'initiative, d'ordre et d'économie, autant le système
dont nous venons de parler est vicieux. Il tend à constituer de plus en plus fortement une féodalité industrielle
qui supprime le rôle de tout ce qui s'interpose librement
entre le patron et l'ouvrier, de façon à ce que celui-ci
dépende absolument, et pour toutes les nécessités de
l'existence, des maîtres de l'établissement industriel où
il travaille. »

« L'Angleterre, l'Allemagne, la Belgique ont compris
la nécessité de remédier à une tendance si fâcheuse et
ont pris des dispositions législatives contre les abus des·
paiements en nature et des retenues faites sur le salaire
de l'ouvrier. Une réglementation de ce genre rencontre
les objections tirées du principe de la liberté des conventions dont on ne parle jamais tant que lorsque des me-

sures nécessaires de protection sont réclamées en faveur de l'ouvrier. Nous ne nous arrêterons pas à ces objections de principe parce que nous sommes fermement convaincus que la liberté des conventions, l'égalité des droits, la loi de l'offre et de la demande ne peuvent donner la solution des problèmes sociaux nés de l'organisation actuelle de l'industrie. Le législateur n'a pas le droit de rester impassible au milieu des conflits qui s'élèvent chaque jour et de considérer que la lutte pour la vie doit fatalement tourner au profit du plus fort et du mieux armé. Il doit au contraire dans un but de pacification sociale et de haute justice intervenir pour apaiser les conflits, pour prémunir contre ses propres entraînements et ses faiblesses, le travailleur qui a besoin pour vivre de son salaire et qui doit le discuter dans des conditions notables d'infériorité. »

« Les objections tirées de la pratique et que l'on prétend appuyées sur l'intérêt bien entendu de l'ouvrier lui-même sont plus graves et méritent un examen plus attentif. »

« On soutient que l'organisation dont nous signalons les inconvénients est nécessaire et que cherchant à détruire quelques abus, ce qui est toujours difficile, on risque de faire disparaître des institutions fort utiles et réellement philanthropiques. On dit que la suppression des économats industriels se ferait surtout au profit du cabaret et que l'ouvrier, qui ne peut créer partout des sociétés coopératives de consommation, serait plus malheureux qu'actuellement, exploité par les intermédiaires, n'ayant plus moyen de se procurer de bonnes denrées au cours le plus réduit du commerce en gros. »

« L'objection serait fondée si nous proposions d'interdire les économats ou de ne les permettre que dans des conditions si difficiles à remplir que presque tous les industriels y renonceraient. »

« Nous voulons uniquement atteindre les abus et notre proposition ne peut avoir pour effet de supprimer des institutions véritablement philanthropiques ou simplement utiles, créées à la fois dans l'intérêt du patron et dans l'intérêt de l'ouvrier, celui-ci trouvant à bon compte tout ce qui est nécessaire à l'existence et le patron cherchant à se créer un personnel de plus en plus fixe et par suite travaillant dans de meilleures conditions au point de vue du prix de revient. »

« Il est certain que l'intérêt bien entendu des patrons est de se préoccuper sans cesse de l'amélioration du sort de leurs ouvriers et beaucoup l'ont compris. D'autres ne l'ont pas fait et leurs magasins d'alimentation, leur système de paiement ne sont qu'un ensemble de moyens imaginés pour reprendre une partie de ce qu'ils sont obligés de payer à titre de salaire. C'est le Truck-System avec tous ses inconvénients et il est urgent qu'à l'exemple des nations industrielles voisines nous prenions des mesures législatives contre ces abus. »

« Il est nécessaire d'obliger les patrons à payer les ouvriers en numéraire et non en monnaie conventionnelle. Les bons et les jetons sont reçus dans les cabarets qui se trouvent près de l'usine et qui sont souvent une dépendance de l'usine ; l'ouvrier et les membres de sa famille, qui sont dans l'obligation de se procurer de l'argent, rencontrent des personnes qui leur prennent les bons ou les jetons à très bas prix et ces transactions constituent une nouvelle forme de l'usure, fort dangereuse et répréhensible puisqu'elle s'exerce sur le salaire même du travailleur. »

« Nous ne voulons pas parler d'un abus plus difficile à atteindre et qui parait inséparable de l'institution des économats. L'ouvrier ou bien sa femme qui dirige le ménage ne proportionne pas ses dépenses à ses ressources, fait des achats plus considérables qu'il ne convient étant donné le salaire du mari et celui-ci à la fin de la quinzaine ou à la fin du mois se trouve n'avoir rien à recevoir ou se voit même endetté sur les registres de l'usine. Il y a d'ailleurs à côté du commerce des denrées elles-mêmes qui sont prises en quantité trop considéra-

bles et revendues à vil prix. L'institution qui devrait être
une sauvegarde pour l'ouvrier et un moyen de relèvement pour lui, devient ainsi par les abus qui se produi-
sent un instrument de servage et une cause de dé-
chéance. »

« Nous n'avons pas la prétention d'atteindre tous les
inconvénients qui résultent de ce fait que dans beaucoup
d'établissements industriels on livre aux ouvriers des vêtements, des denrées alimentaires, des instruments de travail, dont on retient le montant au moment de la paye.
Mais dans la mesure du possible nous désirons obtenir
ce résultat que l'ouvrier reçoive réellement le montant
de ce qui lui est dû et ensuite la liberté d'user comme il
l'entend de l'argent qu'il a péniblement gagné. »

La proposition de loi de M. Maxime Lecomte suppri-
mant le paiement des salaires en nature n'a pas été votée.
Mais actuellement la Chambre a voté un projet de loi sur
les règlements d'ateliers dont l'article 6 contient l'interdiction du paiement des salaires en nature. Ce projet de
loi a été modifié par le Sénat et transformé en « Loi règlementant le mode de paiement des salaires. » Cette loi,
votée par le Sénat, le 24 avril 1894, attend la décision
de la commission de la Chambre pour être soumise au
vote de la Chambre des Députés.

Il nous a paru intéressant de nous occuper de cette

question du paiement des salaires en nature. Ce mode
de rémunération du travail présente ce curieux caractère d'être accepté et de convenir très bien à toute une
catégorie de travailleurs, et d'autre part de soulever de
véritables difficultés lorsqu'on veut l'appliquer aux ouvriers industriels. Nous avons jugé qu'une étude générale du paiement des salaires en nature, de ses avantages
et de ses abus, de son application aux ouvriers industriels, de son maintien ou de son interdiction devait avoir
un certain intérêt pour la solution des questions intéressant les classes laborieuses et en même temps présenter
quelque opportunité au moment où cette question est
soumise au travail du législateur.

PREMIÈRE PARTIE

THÉORIE GÉNÉRALE
DU PAIEMENT DES SALAIRES EN NATURE

§ I. — **Généralités**.

Le salaire est la rénumération d'un travail accompli pour le compte d'autrui. Plus juridiquement le salaire est le prix du louage de services.

Le salaire est habituellement payé en argent. Toutes les fois qu'il n'est pas payé en argent il est payé en nature. Le paiement en nature comprend tous les modes de rémunération du travail autres que le paiement du salaire en argent. On paye le salaire en nature soit au moyen de denrées, de logements, de nourriture, soit au moyen d'instruments de travail, de matières premières, de vêtements, etc.....

Il n'y a donc que deux façons de payer le salaire : en
argent et en nature. Le plus compréhensif de ces deux
modes de paiement est celui en nature, puisqu'il a une
infinité de modalités. Il semblerait par suite devoir être
le plus usité. Il n'en est rien cependant. Le paiement des
salaires en argent est de beaucoup le plus employé. Le
paiement en nature n'est que l'exception et encore ne
se présente-t-il le plus souvent qu'uni au paiement en
argent.

On peut concevoir une très grande quantité de moyens
de rémunérer le travail autrement qu'en argent. Mais
ces moyens ne constituent pas par cela même un paiement du salaire en nature, parce qu'ils ne sont pas effectivement le *paiement d'un salaire*. Un patron peut
donner à ses ouvriers des secours en nature, des gratifications en nature, en un mot il peut lui donner tout ce
que l'école de Le Play comprend sous le terme générique
que de « subventions. » Mais les subventions ne sont
pas le paiement d'un salaire. Elles se différencient du
salaire en ce qu'elles ont un caractère bénévole et facul-
tatif, et surtout parce qu'elles correspondent à une forme
du patronage et sont plutôt proportionnelles aux besoins
de la famille qu'au résultat du travail. Le salaire est un
droit. En payant le salaire le patron acquitte une dette.
L'ouvrier accomplit tel travail, le patron lui doit tel sa-

laire. C'est le contrat économique dans toute sa justice, et aussi dans toute sa sécheresse. Bien au contraire, quand le patron se préoccupe des besoins de l'ouvrier au-delà de l'atelier afin de les satisfaire, il va au-delà de son rôle d'acheteur de main d'œuvre ; il fait bénévolement plus et mieux ; il se rapproche de l'homme qu'il emploie et de sa famille au lieu de n'y voir qu'un fournisseur abstrait de travail.

Donc la notion du paiement des salaires en nature est exclusive de toutes les allocations qui ne sont pas strictement faites à l'ouvrier dans le but de lui payer son salaire. C'est ainsi que nous ne considèrerons pas comme un paiement en nature du salaire les secours médicaux et pharmaceutiques, les repas offerts par certains patrons à leurs ouvriers, les droits concédés par les employeurs à leurs ouvriers dans certains pays de ramasser du bois mort, de chasser sur leurs terres, le droit de glanage concédé à certains ouvriers agricoles, le charbon donné aux ouvriers mineurs pour leur consommation par les compagnies.

Ces diverses subventions en nature devraient cependant être considérées comme le paiement d'un salaire, si elles étaient expréssement stipulées dans le contrat de travail ou consacrées par l'usage. C'est ainsi que si un ouvrier industriel stipule dans le contrat de travail qui

le lie, que le patron devra les secours médicaux en cas
de maladie, on devra considérer cette « subvention »,
malgré son caractère conditionnel comme faisant partie
du salaire proprement dit.

§ II. — Evolution historique du paiement des salaires en nature

L'histoire de l'évolution du paiement des salaires en
nature est liée à celle de l'ouvrier et par suite à l'histoire
économique générale. A mesure que la condition de
l'ouvrier évolue, à mesure qu'elle se modifie, le paiement
en nature change de forme, perd son caractère primitif.

Nous distinguerons dans cette étude trois phases, selon que le travail se fait dans la famille, dans la corporation ou dans la grande industrie.

I. — L'ouvrier dans la famille

Nous éliminerons d'abord un ouvrier qui fait partie
de la famille, qui partage sa vie et ses travaux, c'est l'es-

2

clave. L'esclave semble-t-il est payé en nature et seulement en nature. Sa rémunération consiste en nourriture, logement et vêtements. C'est le paiement en nature dans toute sa rigueur, avec cette différence cependant que ce n'est pas là à proprement parler un paiement. L'esclave ne reçoit pas de salaire, car ce salaire
lui conférerait des droits et il n'en a pas, car ce salaire
lui constituerait un patrimoine et rien ne lui appartient.
Bien au contraire, il ne s'appartient pas lui-même. Il
est la chose du patron. S'il travaille ailleurs que chez son
maître le salaire qu'il gagne devient la propriété de celui-ci. Certains maîtres n'avaient, en effet, des esclaves
que pour les louer en échange d'un salaire qu'eux-mêmes percevaient. C'était en somme un capital qu'ils faisaient valoir et la nourriture, le logement et les vêtements
qu'ils donnaient à leurs esclaves n'étaient véritablement
que des soins d'entretien.

Lorsque nous parlons de l'ouvrier dans la famille, nous
n'entendons pas non plus l'époque de la famille patriarcale, où la propriété était morcelée et où chaque patrimoine appartenait à une famille. Il serait vrai de dire
qu'à cette époque les membres de la famille recevaient
leur salaire en nature, puisqu'ils étaient nourris, logés,
vêtus, en échange du travail qu'ils accomplissaient. Mais
là non plus on ne se trouve pas véritablement en face

d'un salaire, car la propriété appartenant à tous les membres de la famille, chaque ouvrier se trouvait travailler pour lui et percevoir par suite non pas un salaire, mais un revenu. A un autre point de vue, on peut dire que la famille constituait une véritable société en participation dont l'actif était représenté par le patrimoine commun et dont chaque membre de la famille était un associé.

Nous voulons parler, sous ce titre, de l'ouvrier qui vit dans la famille de son maître, loge chez lui, mange à sa table et ne cesse pas cependant d'être un homme libre et salarié.

Ces relations ont surtout existé dans l'agriculture. L'ouvrier agricole a toujours vécu dans l'intimité de son maître, partageant sa vie, lié à ses intérêts. La raison de cet accord et de cette vie commune existe dans ce fait que les fermes sont très isolées, très éloignées des villes, les rapports avec les autres paysans rares. Il en résulte un resserrement plus grand des liens qui unissent les habitants d'une même ferme. De plus, l'ouvrier agricole travaille avec son maître, vit sa vie, partage ses plaisirs et ses peines. Leurs rapports s'effectuent par suite sur le pied d'une très grande confiance réciproque. L'exécution du contrat de travail ne soulève entre eux ni luttes, ni conflits. Le travail prend ainsi une forme patriarcale

exclusive de toute discussion. L'ouvrier croit le maître
et celui-ci ne l'exploite pas.

Dans de telles conditions le paiement en nature était
non seulement possible sous sa forme la plus simple,
celle du paiement direct, mais encore il était absolument
nécessaire.

L'intimité de vie entre l'ouvrier et le maître rend singulièrement facile le paiement en nature. L'ouvrier agricole loge à la ferme, mange à la table commune. Et comme l'ouvrier n'a nulle raison pour se méfier de son maître, il ne spécifie aucune précaution dans le contrat de
travail. Il est simplement convenu qu'il sera nourri, logé
et habillé (sans préjudice d'un complément de salaire
en argent). Et comme le maître ne conçoit pas que l'on
puisse spéculer sur cet ouvrier qui vit avec lui, il nour-
rit, loge et habille l'ouvrier tout comme un membre de
sa famille.

Pour l'ouvrier agricole, le paiement en nature est de
plus nécessaire. L'argent a une valeur moindre pour le
paysan que pour l'habitant des villes, en ce sens qu'il
n'a pas une valeur d'échange permanente par suite des
conditions difficiles et des circonstances rares dans lesquelles il s'effectue. A moins d'habiter près d'un
centre de population, ce qui est l'exception, l'ouvrier
agricole doit être payé en nature. C'est la condition sans
laquelle il ne peut travailler.

Le paiement en nature présente d'ailleurs ces caractères de nos jours dans l'agriculture. Les traditions patriarcales qui président aux rapports des ouvriers agricoles et de leur maître se sont perpétuées et on peut comparer aux repas pris en commun dans la *villa* romaine la grande table des *mas* de Provence présidée à un bout par le maître et occupée de chaque côté par les fils et les valets, cependant que les femmes servent les travailleurs.

Ainsi le paiement en nature apparaît avec les travaux agricoles. Nous constatons que les rapports de l'ouvrier et du maître présentent un caractère très grand d'intimité. Ils se considèrent comme appartenant à la même famille. Le paiement en nature s'y effectue directement, sans complications, sans donner lieu à aucun conflit entre les deux parties contractantes. Il présente même ce caractère qu'il a de commun avec le paiement en nature fait à l'ouvrier travaillant dans la corporation, c'est que les objets qui sont donnés en paiement ne sont pas appréciés en argent. On convient simplement que l'ouvrier sera nourri, logé, habillé. On ne se soucie pas d'indiquer quelle somme d'argent ces fournitures devront atteindre. L'ouvrier a confiance dans son patron. Il sait que son maître ne spéculera pas sur son salaire. Il n'a pas de précaution à prendre pour que le paiement soit effectué intégralement. Le patron le paiera sans fraudes.

Le paiement en nature fonctionne ici merveilleusement sans dangers, ni inconvénients. Il est permis de
penser que ce résultat est du bien plus à l'intimité des
rapports entre l'ouvrier et le maître qu'à la nature de
l'institution. Et c'est là, en effet, le caractère de l'évolution du paiement en nature. Il se modifie, nous le verrons, à mesure que change la nature des rapports entre
l'ouvrier et le patron. L'ouvrier vivant dans la famille,
c'est la réalisation de l'accord parfait entre le maître et le
travailleur. Aussi le paiement en nature fonctionne-t-il
avec une très grande beauté. sans donner lieu à aucune
contestation, simplement, justement. Nous verrons que
dans la corporation la nature des rapports de l'ouvrier et
et du patron changeant, la forme du paiement en nature
sera aussi quelque peu modifiée.

II. — *L'ouvrier dans la corporation*

Dans la corporation nous trouvons encore un véritable
accord entre le capital et le travail. Des liens très étroits
unissent l'ouvrier et le patron. La lutte industrielle
n'existe qu'à l'état rudimentaire par suite des conditions dans lesquelles s'effectue le travail.

L'ouvrier commençait à se rapprocher de son patron
pendant son apprentissage. Pendant un certain nombre
d'années, variable avec les métiers, il vivait dans la fa-

mille de son maître, logeait, mangeait et travaillait avec
lui. Et là il s'habituait à le considérer autrement que
comme un acheteur de main d'œuvre, un exploiteur. La
bonne intelligence qui régnait dans les rapports du valet
et du maître était encore accrue par deux considérations qui était le fondement même de la corporation :
la tradition et la foi religieuse.

La tradition donnait aux membres des corporations
le goût, l'orgueil de leur métier. Ils étaient fiers de leur
qualité d'artisan et tenaient à honneur de conserver au
nom qu'ils portaient la réputation de loyauté et de
bonne confection des produits qui s'y attachait. Leur
amour-propre professionnel, leur attachement au métier
leur venait de ce qu'ils appartenaient à un compagnie
honorée et forte qui communiquait à ses membres quelque chose de sa force et de son honneur. C'était l'effet
de l'esprit de corps qui donne a ceux qui sont du corps
un sentiment qui ne leur permet pas de rien faire qui
soit indigne de sa réputation.

Une autre cause encore soutenait les compagnies d'artisans et leur procurait la paix, c'était la foi religieuse.
Tous les membres de la corporation étaient unis par le
serment, acte religieux. A côté du métier existait la con-
frérie dont faisaient partie les compagnons et les maîtres
et dont le but était de célébrer les fêtes religieuses et

de pratiquer les vertus chrétiennes d'aide, d'assistance
et de charité. C'était cette unité de croyance et ce sentiment religieux alors au fond de toutes les âmes qui rap ·
prochaient ces hommes divisés d'intérêts, le maître et
l'ouvrier et rendaient temporaires et sans périls définitifs
ces conflits entre patrons et ouvriers qui sont le grand
danger de notre époque.

Ainsi grâce à la tradition, grâce a la foi religieuse les
ouvriers ne formaient pas une tribu perpétuellement en-
nemie des maîtres. Ils s'estimaient, s'aimaient les uns
les autres. De plus ils travaillaient ensemble dans le
même atelier. Les ouvriers étaient des aides et non des
producteurs pour un employeur inconnu. L'ouvrier n'é-
tait pas lui-même très éloigné de la maîtrise. Et c'est là
une grande supériorité de l'ouvrier du moyen âge sur
le nôtre. L'ouvrier pouvait aspirer à devenir maître. Il en
résultait qu'il ne considérait pas le patron comme un
ennemi placé dans une sphère au-dessus de la sienne. Et
s'il acceptait la supériorité du maître, c'est que cette su-
prématie s'imposait à lui par la capacité technique.

Dans de telles conditions le paiement en nature pouvait être pratiqué directement et sans complications ni
dangers. La bonne entente qui régnait entre l'ouvrier et
le maître facilitait beaucoup l'application de ce mode de
rémunération du travail. « L'ouvrier du moyen âge était

souvent nourri et logé chez le maître, lorsque l'engagement était à long terme, comme le sont encore nos
journaliers des campagnes, c'est d'ailleurs ce qu'exprime
le mot même de compagnon (cum pane), et c'était une
chose qui contribuait singulièrement à maintenir ce bon
accord entre ouvriers et patrons qui nous apparaît aujourd'hui comme une sorte d'idéal de plus en plus ignoré. » (1) A vrai dire le paiement en nature n'était usité
que parce qu'existait ce bon accord entre l'ouvrier et le
maître.

Le paiement en nature se rencontrait dans tous les
métiers, « Pour avoir une idée juste du prix de la main
d'œuvre au moyen-âge, il faut songer que l'ouvrier était
bien plus souvent qu'aujourd'hui nourri et logé chez le
patron. Les ouvriers foulons déjeunaient à leur choix
chez le patron ou au dehors, mais ne dînaient pas à
l'atelier, car les statuts leur recommandent de se rendre
sans retard au travail après dîner. Les ouvriers à l'année
avaient chez le patron la nourriture et le logement. » (2)

« Dans les mines en régie du Beaujolais (industrie
d'Etat qui dura 1455 à 1456) les ouvriers reçoivent :

Conducteurs de travaux..... 30 à 50 livres

---

(1) P. Hubert-Valleroux. — « Les corporations d'Arts et Métiers
et les syndicats professionnels » p. 44.
(2) Fagniez. « Etudes sur l'Industrie au XIIIᵉ siècle » p. 89.

Simples manœuvres... ....   5 à 10 livres

Ouvriers................   2 à 4 livres

A ces chiffres qui représentent le salaire payé en argent, il convient d'ajouter les avantages multiples assurés aux ouvriers qui sont blanchis, nourris, logés et éclairés. » (1) « Le compagnon des métiers qui recevait un salaire de 18 deniers ou même de deux sous par jour, était de toute évidence dans une condition très favorable : ordinairement nourri chez son maître, il n'avait en effet le plus souvent qu'à pourvoir à son logement qu'il pouvait se procurer à très bon compte. » (2).

Cependant malgré la bonne entente qui existait entre le patron et l'ouvrier, malgré la confiance réciproque qu'ils avaient l'un pour l'autre, les liens entre l'ouvrier et le patron ne sont pas aussi forts dans la corporation que dans la famille. L'ouvrier corporatif change de maître quand il veut. Il ne vit pas à proprement parler dans la famille du maître ; il ne mange pas toujours à sa table et n'est pas toujours logé dans sa maison. La règle du paiement en nature n'est pas générale, en tout cas elle n'est pas nécessaire. L'ouvrier peut ne pas être nourri et logé sans pour cela que son travail en souffre. De plus la lutte apparaît entre le patron et l'ouvrier, sans conséquences

---

(1) H. Haüser. « Ouvriers du temps passé, » p. 142.
(2) E. Martin Saint-Léon, « Histoire des corporations de métiers, » p. 155.

graves il est vrai, mais elle n'en est pas moins un indice sur les véritables rapport qui existaient entre employeurs et employés. Les ouvriers organisent les sociétés de compagnonnage. Ils commencent à faire des conjurations et des ligues, mettant à l'index les maisons de leurs patrons et organisant ces grèves que l'on croit quelquefois être un mal spécial à notre époque. Les confréries religieuses servent à ces unions dont le but est si peu pacifique et l'on entend dès lors les patrons se plaindre, comme le peuvent faire ceux de nos jours, de l'indocilité et des révoltes de leurs ouvriers. Les compagnons se rebellaient pour obtenir un salaire plus fort ou tel autre changement dans la condition du travail. (1).

La conséquence de cet état de choses était que le paiement du salaire en nature n'était pas pratiqué avec la même confiance, avec la même sincérité que dans la famille. La tension que subissait les rapports des maîtres et des valets avait sa répercussion sur le paiement en nature. On entend des protestations s'élever sur la façon dont est payé le salaire en nature. Chez les imprimeurs Lyonnais en 1539 les maîtres paient à leurs ouvriers : 1° Des gages en espèces ; 2° pain, vin et pitance. Accusés de faire des bénéfices sur ce second article ils proposent de renoncer à ce régime et de tout payer en espèces.

(1) P. Hubert-Valleroux loc. cit. p. 49.

Les compagnons refusent cependant et préfèrent l'ancien système. Le sénéchal maintint lui-même ce système. Mais la royauté revint sur ces décisions. En 1571 elle décida que « pour obvier à toute dissension sera défendu à tous maîtres imprimeurs de ne nourrir les compagnons, soit sous prétexte de les prendre en pension ou sous quelque autre couleur que ce soit, directement ou indirectement . » En dépit de cette ordonnance l'ancien système continua (1).

Le salaire en nature continue à ne pas être apprécié en argent, tout comme dans la famille. L'ouvrier a encore assez de confiance dans le maître pour ne pas exiger que la fourniture des objets en nature soit strictement égale à une certaine somme d'argent convenue. Il ne stipule pas que pour tel travail le patron, en outre du salaire argent, lui devra pour tant de francs de pain, de vin, de viande, etc... Il convient simplement qu'il sera nourri, logé, sans plus de précautions, persuadé que le patron ne spéculera pas sur lui à raison de la bonne entente qui règne entre eux. Cependant l'ouvrier corporatif sait le prix de son salaire lorsqu'il est nourri et lorsqu'il ne l'est pas. Par suite il sait le prix des objets en nature qui lui sont fournis. « Les journées de tondeurs de draps étaient de 2 ou 3 sous suivantqu'ils étaient nour-

(1) Hauser. « Ouvriers du temps passé, » p. 145.

ris par le patron ou qu'ils se nourissaient à leurs frais. Les ouvriers de l'habillement recevaient 2 à 3 sous (2 à 3 francs) selon qu'ils étaient nourris ou non. » (1) Il y a là une nuance qui a son importance et qui constitue une différence sensible avec la façon dont est payé l'ouvrier agricole vivant dans la famille du maître. Celui-ci ne sait pas combien il coûte à nourrir ; il ne sait pas par suite combien vaudrait son salaire en nature payé en numéraire. L'ouvrier corporatif le sait et s'il n'exige pas les mêmes garanties que l'ouvrier industriel exige de son patron, il n'en est pas moins vrai que le jour où il voudra que son salaire en nature lui soit payé en argent il saura sur quelle base l'apprécier.

Donc la corporation constitue une transition dans l'évolution du paiement des salaires en nature. De même que les rapports entre le patron et l'ouvrier, tout en restant réciproquement confiants, n'ont plus la belle intimité qui caractérise le travail de l'ouvrier dans la famille, de même le paiement en nature est moins simple, moins primitif. Il se complique quelque peu. Il donne lieu à quelques contestations entre le patron et l'ouvrier. L'indice de cette évolution est que l'ouvrier sait sa valeur en argent. Il n'exige pas encore que le prix des fournitures

_____

(1) « Livre rouge troisième du Châtelet », f° 87, cité par M. Fagniez, op. cit., p. 89, note 3.

soit exactement égal à une certaine somme d'argent. Mais il tend à cette stipulation qui est la forme propre au paiement du salaire en nature dans la grande industrie.

III. — *L'Ouvrier Industriel*

La grande industrie est le dernier terme de l'évolution du paiement des salaires en nature. Ici les rapports de l'ouvrier et du patron ont perdu tout caractère d'intimité. Les ouvriers la plupart du temps ne connaissent pas celui qui les emploient. Ils sont occupés en très grand nombre dans de fortes usines dont les véritables propriétaires sont des actionnaires anonymes. Le directeur n'est qu'un salarié comme eux, avec en plus le poids de la responsabilité générale de l'entreprise. L'ouvrier entre dans l'usine presque sans formalités, en sort quand il lui plaît, est renvoyé sans égards, chôme lorsqu'il n'y a pas de travail. Le patron ne le connaît pas, ne peut pas l'apprécier, le considère comme un outil humain qu'il change à son gré par suite de l'offre de main d'œuvre qui est toujours énorme. Partant suppression complète de la confiance réciproque qu'avaient pour eux le maître et le valet de la corporation. Le patron et l'ouvrier ne sont que des lutteurs qui n'agissent que pour la satisfaction de leurs intérêts, l'un usant de sa puissante situation sociale pour imposer ses conditions à l'autre, les ouvriers s'unissant, se groupant pour opposer une plus grande force aux empiétements du patron et faire triompher leurs revendications. Il ne se passe pas d'années sans que des grèves éclatent, sans que des contestations, quelquefois violentes, entre employeurs et employés surviennent. Le patron et l'ouvrier sont deux ennemis, différents par la situation sociale, par les intérêts, par les convictions politiques. La lutte est engagée entre eux. La victoire des ouvriers s'appellerait le collectivisme.

Dans la grande industrie il y a une impossibilité morale et une impossibilité matérielle au fonctionnement du paiement des salaires en nature dans sa forme simple et directe.

Moralement il n'existe plus ni intimité, ni confiance entre le patron et l'ouvrier. Ils se méfient réciproquement l'un de l'autre. Cet état d'esprit a pour conséquence de faire stipuler par l'ouvrier que lorsque le patron le paiera en nature, les objets seront appréciés en argent. L'ouvrier sera payé en denrées, en logements, en vêtements, mais ces fournitures seront exprimées en numéraire. On n'entend plus parler des anciennes conventions : logé, nourri, vêtu. L'ouvrier exige que ces modes de paiement soient évaluées en argent. Il stipule dans son contrat de travail que son salaire total atteindra

telle somme, que là-dessus il lui sera imputé pour tant
de francs de logement, de nourriture, denrées ou vêtements. Ainsi le patron ne pourra spéculer sur lui à la
faveur des anciennes conventions qui exigent pour leur
exécution une grande bonne foi de la part du patron et
une entière confiance de la part de l'ouvrier ; toutes les
fournitures étant exprimées en argent, l'ouvrier pourra
facilement voir si le patron spécule sur lui, en comparant
le prix des fournitures à lui livrées par l'usine au prix
auquel ces mêmes fournitures sont vendues sur le marché. Cette transformation du paiement des salaires en
nature est le résultat de l'esprit de défiance qui règne
dans les rapports entre le patron et l'ouvrier et dont la
cause existe dans les mœurs de la grande industrie. Il
paraît d'ailleurs que la forme nouvelle du paiement des
salaires en nature n'était pas une vaine précaution à l'en-
contre des patrons. L'étude du truck-system et des économats nous apprendra les spéculations honteuses auxquelles se sont livrés les patrons à l'égard des ouvriers.
Et grâce à cette stipulation qui consiste à apprécier les
fournitures données en paiement en argent, les ouvriers
ont pu s'apercevoir des gains injustes réalisès sur eux par
les employeurs et demander la répression de telles pratiques.

Matériellement l'application de l'ancienne forme du

paiement en nature était impraticable vis-à-vis des ouvriers de la grande industrie. Les conditions actuelles du travail ont rendu impossible le mode direct du paiement en nature. Le temps est loin où le patron n'employait que deux ou trois ouvriers avec lesquels il travaillait lui-même, qu'il pouvait nourrir et loger dans sa maison. Aujourd'hui les ouvriers se comptent par centaines, par milliers, dans les usines. On ne peut plus espérer employer le mode primitif du paiement direct en nature. Le patron ne peut les loger que dans des maisons spécialement construites, il ne peut les nourrir que dans des cantines ou bien leur donner les denrées en nature. Et si l'on concilie ces difficultés matérielles avec les exigences de la nouvelle règle qui veut que les fournitures soient appréciées en argent, on conçoit que la nécessité s'imposait d'employer de nouveaux modes de paiement en nature : le paiement en bons ou jetons et la vente à crédit avec retenue.

Ainsi le paiement en nature a perdu avec le développement de la grande industrie son caractère d'institution patriarcale. Il a maintenant le même caractère impersonnel que le paiement en argent. Jadis il était une manifestation de l'intimité qui unissait les patrons et les ouvriers. Aujourd'hui c'est un mode de rémunération comme un autre, avec des avantages et des inconvénients particu-

3

liers. Quant à la question de savoir s'il en restera là de
son évolution, la nécessité qui nous est imposée pour en
donner la solution de rentrer dans le domaine des hypo-
thèses, ne nous permet pas de l'envisager. Cependant il
est permis de prévoir, l'évolution se faisant dans le sens
de la suppression du salaire et de l'union absolue du
patron et de l'ouvrier, qu'il en restera là de son évolution
et qu'il disparaîtra en même temps que le salaire argent.

---

§ III. — Causes du paiement des salaires en nature

Il est incontestable que le mode de paiement du salaire
en argent offre de très grands avantages et qu'il est d'une
très grande utilité, soit pour le patron, soit pour l'ouvrier.
L'argent est en effet dans les pays civilisés la marchandise tierce par excellence. Il offre au patron, dans le paiement du salaire, l'avantage de payer l'ouvrier rapidement, d'une façon commode et pratique, et avec les élé-
ments mêmes avec lesquels il est lui-même payé. L'ouvrier
y gagne d'avoir son salaire acquitté en valeurs immédia-

tement et universellement échangeables et très propres à
la conservation et à l'épargne. Cependant malgré ces
avantages certains du paiement en argent, il existe des
causes pour lesquelles on paye les salaires en nature plutôt qu'en argent. Ces causes sont, selon nous, les sui-
vantes : Nous citerons en premier lieu :

1° Nature et exigences de l'industrie

Chaque industrie, chaque espèce de travail est soumise
à la fois à des règles générales qui lui sont communes
avec toutes les autres industries et à des conditions spéciales qui lui sont particulières. C'est pour satisfaire à ces
conditions que dans beaucoup d'industries et de travaux,
le salaire de l'ouvrier est payé en nature, tout au moins
partiellement. On peut même aller plus loin et déclarer
que la condition même de certains travaux est qu'ils
soient payés en nature.

C'est ainsi que le métier de domestique ne peut être
exercé si le domestique n'est pas logé et nourri chez son
maître. On ne conçoit pas un valet de chambre, dont la
nature même de la fonction est d'être constamment à la
disposition de son maître, prendre ses repas et habiter
hors de la maison où il est employé.

D'autrefois le paiement en nature résulte des conditions dans lesquelles l'industrie est exercée. C'est le cas

de certains travaux, tels que constructions de routes, de
voies ferrées, qui sont exécutés loin de tout centre habité.
Le chef d'industrie doit pourvoir à la nourriture et au
logement de ses ouvriers et pour cela il comprend ces
deux conditions essentielles du travail et de la vie dans
le salaire.

Le paiement en nature sera encore effectué pour éviter
les vols que ne manqueraient pas de commettre les
ouvriers de certaines industries. C'est ainsi que les ouvriers de certains chais ont droit à un litre de vin par
jour dont le prix est imputé sur leur salaire. De même
les ouvriers boulangers à Paris ont une partie de leur
salaire payé au moyen d'un pain de 2 livres, coté 0 fr. 40
et de 0 fr. 20 de vin blanc. (1)

2° — *Traditions et usages*

C'est là une seconde catégorie des causes qui font que
certains salaires sont payés en nature. Ces traditions et
ces usages, très en vigueur dans les campagnes et les
industries primitives, résultent généralement de pratiques
suivies au Moyen-Age, sous le régime des corporations,
époque à laquelle l'argent était loin d'être aussi répandu
et d'un usage aussi commun qu'aujourd'hui. Ils résultent encore de certaines traditions féodales dont l'usage
se perpétue dans les campagnes.

(1) Office du travail. La Petite Industrie. (Salaires et Durée du
travail) T. I. L'alimentation à Paris, p. 27.

C'est ainsi que le droit d'affouage pour le bois de chauffage et de glanage concédés par certains propriétaires fonciers à leur ouvriers agricoles comme complément de leur salaire argent résultent de vieilles traditions féodales.

C'est ainsi que la pratique suivie par les petits artisans à l'égard de leurs ouvriers qui consiste à rénumérer leur travail en les logeant et les nourrissant provient des règles des anciennes corporations.

D'autres usages sont spéciaux au pays dans lequel s'exerce le travail ou l'industrie.

Ainsi, dans les usines à fer de Dannemora (Suède et Norvège), le patron propriétaire de la forge, se conformant « à la coutume qui est d'un usage habituel dans les mines et les usines du Nord et de l'ancienne Europe, règle en partie le salaire de l'ouvrier non d'après la quantité de travail fournie par ce dernier, mais à raison des besoins de la famille. Il donne à l'ouvrier le logement et un jardin. Il donne par mois à certaines catégories d'ouvriers 75 kilogr. de blé pour le mari et la femme et 15 kilogr. en outre pour chaque enfant. Le patron accorde également le droit d'affouage pour le bois de chauffage, le droit de chasse et de pêche, le droit de récolte pour les fruits sauvages (1). »

(1) Le Play. *Ouvriers Européens*. T. III. p. 7.

Le Play nous donne encore un exemple de la part d'influence de l'usage sur le paiement des salaires en nature. « Le paysan savonnier de Provence qui travaille à Marseille dans les fabriques de savon est logé gratuitement à la fabrique. Il est dans les mœurs de cette industrie que l'ouvrier soit logé dans les fabriques. L'usage veut encore que l'ouvrier ait la libre faculté de faire chauffer aux feux de la fabrique les aliments qu'il y prépare pour ses repas. Enfin c'est encore en vertu d'une coutume traditionnelle que l'ouvrier reçoit 50 kilogr. de savon qui suffisent pleinement à la consommation de sa famille (1). »

D'autrefois le paiement du salaire a lieu en nature en vertu de traditions qui remontent moins haut, qui ont été établies à un certain moment et qu'on ne pourrait transformer sans porter atteinte à des usages définitivement consacrés. Il en est ainsi de la coutume qui veut que les employés des grands magasins de confections aient droit à deux complets par an (2).

3°. — *Philanthropie.*

Cette cause du paiement des salaires en nature a surtout eu une influence importante depuis le développe-

(1) Le Play. *Ouvriers Européens.* T. IV. p. 406.
(2) *Office du Travail, La Petite Industrie,* (Salaires et Durée du travail). T. II. *Le vêtement à Paris,* p. 157.

ment prodigieux de la grande industrie et des dangers
moraux et physiques qui en sont résulté pour la classe
ouvrière. En effet le paiement en nature lorsqu'il est fait
dans ce but, présente une utilité considérable parce qu'il
permet à tous ceux qui s'intéressent au sort de l'ouvrier
et qui veulent l'améliorer, d'introduire dans la situation
des travailleurs des modifications qui ont pour but de
soulager sa misère et de lui permettre de vivre d'une
façon plus conforme à l'hygiène et à la morale. Et c'est
là ce qui constitue, comme nous le verrons plus loin, un
des principaux avantages du paiement du salaire en nature, que de pouvoir ainsi contraindre l'ouvrier à accepter les bienfaits de la philanthropie.

Au point de vue de l'hygiène et de la vie physique du
travailleur, le paiement en nature a surtout pour objet
le logement et la nourriture. C'est ainsi que nous trouvons dans l'*Histoire des classes ouvrières en Europe*
de Réné Lavollée un exemple frappant de philanthropie :

« La grande acièrie Krupp à Essen a fait construire
de très nombreuses maisons pour son personnel..., plus
de 3.000 pour ses ouvriers... Le loyer des ouvriers est
réglé au moyen de retenues sur leur paie de quinzaine.
Les inspecteurs empêchent les ouvriers de s'entasser
dans les logements et ont donné congé aux ouvriers habitant des logements trop petits... Les célibataires em-

ployés à l'usine, au nombre de 2.500, sont logés et nourris à prix réduits ; on leur fournit une ration abondante de viande et de légumes, qui avec une demi-livre de beurre et un quart de livre de café leur revient par semaine à 5 fr. 90 (1). »

De même en Suisse dans le canton de Bâle, à Nieder Schœntal, « le patron fait tous les soirs servir à ses ou-ouvriers, le café au lait, moyennant une très légère retenue sur leurs salaires (2). »

Au point de vue de l'assainissement moral des classes ouvrières, nous trouvons dans les *Ouvriers Européens* de Le Play, un exemple très caractéristique : « Les propriétaires des mines et des usines de Pontgibaud ont pris des mesures très efficaces pour prévenir la démoralisation des jeunes filles attachées aux ateliers de préparation mécanique où l'on enrichit pour la fusion les minerais bruts extraits des mines. Ils ont établis des dortoirs où les ouvrières doivent être rentrées à une heure déterminée et dont chaque division est placée sous la surveillance d'une matrone. Les ouvrières sont également nourries dans un établissement spécial alimenté par une modique retenue opérée sur les salaires. » (3)

(1) *Les classes ouvrières en Europe*, par H. Lavollée. T. I. p. 193.
(2) Id. T. II, p. 57
(3) *Les Ouvriers Européens*, par Le Play. T. V, p. 156.

C'est aussi dans une pensèe philanthropique que de
nombreux chefs d'industrie ont installé s dans leurs usines
des économats où les ouvriers trouvent au moyen de bons
ou jetons, avec lesquels ils sont payés, les objets nécessaires à la vie.

4° — *Spéculation.*

La spéculation exercée par les patrons sur les ouvriers est encore une des causes pour lesquelles ceux-là
payent leurs travailleurs en nature. Nous verrons plus
loin, lorsque nous parlerons des inconvénients du paiement des salaires en nature, les abus auxquels a donné
lieu ce mode de paiement, les bénéfices injustes réalisés
ainsi par des patrons indélicats et les scandaleuses pratiques connues sous le nom de Truck System.

Cependant on peut concevoir de la part de certains
patrons une pensée de spéculation qui serait plutôt de
l'intérêt bien entendu et qui réaliserait une heureuse
conciliation entre les intérêts du maître et ceux de l'ouvrier. C'est ainsi que dans une lettre communiquée à la
Réforme Sociale, M. Von der Luhe, grand propriétaire
à Stormstorff (Mecklembourg), s'exprime ainsi : « Après
la récolte chaque famille reçoit 13 scheffel (500 litres)
de seigle, d'orge ou d'avoine, etc... Ce paiement en nature constitue la plus grande ressource des journaliers.

Elle exerce une influence très salutaire, car elle associe les intérêts de mes ouvriers aux miens, ce qui excite leur zèle au travail. Si la récolte est bonne, ils en bénéficient avec moi, de même qu'ils supportent avec moi les conséquences de la mauvaise récolte (1). »

5°. — *Rareté du numéraire*

La rareté du numéraire est la cause la plus normale du paiement des salaires en nature. La monnaie d'argent est alors remplacée par une monnaie conventionnelle ou bien le patron ne donne qu'une partie du salaire, la plus petite généralement, en argent et l'autre en objets propres à la consommation. Il est vrai que cette circonstance ne se présente guère que dans les pays neufs, les pays de colonisation, par exemple, ou dans les pays de civilisation primitive. Cependant il peut arriver que même dans nos pays civilisés on paye en nature pour cause de rareté du numéraire. C'est ainsi que le paiement d'une énorme indemnité de guerre peut drainer une partie de l'argent indigène à l'étranger et changer les conditions ordinaires du change ; les patrons contraints à employer une grande quantité de numéraire pour le paiement de leurs fournisseurs et celui des salaires de leurs ou-

(1) *Réforme Sociale*, 1ᵉʳ mai 1883.

vriers, paieront alors ceux-ci avec de la monnaie conventionnelle.

L'absence de numéraire a été indiquée comme une des causes de la grève de la Martinique à la Chambre des députés dans la séance du 26 mars 1900. Les ouvriers employés dans les usines ou dans les plantations de cannes à sucre sont logés par leurs patrons et ceux-ci leur donnent en outre la jouissance d'une pièce de terrain. Ce paiement partiel en nature constituait une mainmise du patron sur l'ouvrier en l'attachant à sa petite récolte qui était pour celui-ci un complément de salaire. L'ouvrier, pour ne pas abandonner son champ, subissait sans réclamations les exactions patronales et ce n'est qu'à la suite de nombreux abus qu'une grève fut déclarée. MM. Fournière et Gerville-Réache ont apporté dans ce débat une grande lumière et montré que c'est par suite du paiement en nature nécessité par la rareté du numéraire que les ouvriers ont organisé leur action collective (1).

(1) *Journal Officiel*: Docum. Parlem. Séance du 26 mars 1900.

§ IV. — Paiement de la totalité ou d'une partie seulement du salaire en nature

———

Le paiement des salaires en nature s'effectue de deux façons : ou bien la totalité du salaire est payée en nature, ou bien une partie seulement du salaire est payée nature et l'autre en argent.

Le paiement de la totalité du salaire en nature est un mode qui convient surtout aux sociétés primitives et qui de nos jours se rencontre très rarement. En effet, les pays seuls où l'argent est inconnu ou tou' au moins très rare peuvent l'employer. Ce sont les pays où les relations commerciales s'effectuent au moyen du troc. Mais de nos jours et dans nos sociétés civilisées le troc n'est plus employé. L'invention de la monnaie a supprimé complètement ce mode peu pratique d'échange et les ouvriers préfèrent être payés avec une marchandise directement échangeable qu'avec des marchandises qui ne peuvent être échangées que très difficilement et avec le concours de circonstances spéciales.

C'est pourquoi on ne rencontre guère le paiement de

la totalité du salaire en nature que dans les campagnes de certains pays où la vie commerciale est à peu près nulle et où chacun vit des seuls produits de la terre qu'il cultive. C'est ainsi que : « Les domestiques des paysans du Haouran (Syrie) sont nourris et logés. Leur salaire consiste en une part de la récolte qui varie suivant l'abondance de la récolte; elle varie aussi suivant l'étendue des terres ensemencées en froment et en orge relativement aux autres cultures. Quand plusieurs domestiques sont attachés à une même famille, ils sont considérés comme ne formant qu'une seule tête et reçoivent tous ensemble le quart du froment produit par les terres qu'ils cultivent. Ils font ensuite un partage entre eux de manière que la part de chacun soit la même... Outre sa part aux produits du sol, chaque domestique reçoit un certain nombre de vêtements qui lui sont alloués aux principales fêtes de l'année... Le domestique travaille pendant plusieurs années dans une même famille sans recevoir autre chose que la nourriture, le vêtement et quelques cadeaux sans importance » (1).

On pourrait trouver encore le paiement de la totalité du salaire en nature chez les pêcheurs. Ainsi les pêcheurs de Martigues (Bouches-du-Rhône) sont payés au moyen d'une part prélevée sur le poisson pêché dans la

_____

(1) Le Play : *Ouvriers Européens*, T. II, p. 378.

barque du maître-pêcheur. Mais nous ne pensons pas cependant que l'on puisse voir là une rémunération en nature du salaire, car on se trouve plutôt en ce cas devant
une société en participation, dont chacun des pêcheurs
est un associé et dont la part de poisson constitue la part
de bénéfices à laquelle il a droit et proportionnelle à son
apport.

On peut trouver encore un exemple du paiement de la
totalité du salaire en nature dans la rémunération des
portiers à Paris. Le portier ne reçoit généralement pas
de gages. Il est simplement logé. La femme fait l'office
de portière dans la journée. Son mari peut cependant
s'employer ailleurs. De plus le portier est chauffé d'après
une coutume qui lui donne le droit à une rendevance
d'une grosse bûche par double stère de bois que le locataire fait apporter pour sa consommation.

Si, d'une part, le paiement de la totalité du salaire en
nature n'offre aucun intérêt pratique et par suite est peu
usité, d'autre part, le paiement d'une partie du salaire en
nature et de l'autre en argent est communément employée. C'est la forme sous laquelle se présente habituellement le paiement du salaire en nature. Elle constitue
d'ailleurs une façon éminemment pratique de payer le
salaire, puisqu'elle unit les avantages du paiement en nature à ceux du paiement en argent. Il permet de fournir

à l'ouvrier des allocations en nature qui l'obligeront à satisfaire d'une meilleure façon certains besoins de la vie essentiels et en même temps de lui laisser la disposition d'une somme d'argent qu'il pourra facilement échanger. Infiniment plus pratique que le paiement de la totalité du salaire en nature, ce mode de rétribution, lorsqu'il est pratiqué honnêtement, tend à prendre une très grande extension. C'est ainsi que nous en trouvons des exemples dans tous les corps de métiers :

Dans l'agriculture, les ouvriers agricoles sont nourris et logés, et reçoivent en plus un salaire en argent. Quelquefois ils ont droit à d'autres prélèvements en nature, en plus de leur salaire argent. « Dans la Champagne-Pouilleuse on permet au batteur en grange d'emporter chez lui les liens de gerbes battues » (1).

Dans l'industrie minière, les ouvriers ont généralement droit à une partie du charbon, soit pour le chauffage, soit pour revendre. Ainsi, « pour le Piqueur Sociétaire de la Mine aux Mineurs de Monthieux (Loire), à son salaire doit se joindre un salaire en nature : 1.000 kil. de charbon par trimestre, plus les éclats de boisage » (2).

Dans l'industrie métallurgique en Suède, on a pour

(1) Le Play : *Ouvriers Européens*, T. V. p. 332.
(2) id. 2ᵐᵉ série, 3ᵐᵉ fascicule 1898, p. 385.

usage « de payer ses bons ouvriers aux pièces et de loger non seulement ses chefs d'atelier, mais encore tous les bons ouvriers qui composent le personnel permanent de chaque usine ; ceux-ci reçoivent, en outre, le chauffage gratuit et ont droit à la jouissance d'un petit pré ou d'une pièce de terre pour cultiver les légumes. Les ouvriers les mieux traités sont ceux des usines de fer d'Aboga (district de Westmaaland). Les ouvriers ont le logement gratis, avec hangar, cellier, environ 54 pieds cubes de bois de chauffage et un terrain suffisant pour planter 4 boisseaux et demi de pommes de terre » (1).

Dans l'industrie textile, M. Staub, propriétaire a Kuchen d'une importante usine pour la filature et le tissage du coton, a établi une cité ouvrière, dans laquelle il loge les 800 employés de son établissement (2). De même en Suède dans une autre fabrique de tissus de coton établie à Norrköping, les ouvriers sont logés, mais, en aucun cas, ils ne sont nourris (3).

Dans les industries d'alimentation, les ouvriers pâtissiers à Paris sont nourris et logés. L'indemnité accordée à la place de ce logement est de 20 francs par mois. La nourriture doit être estimée à 30 ou 40 francs par mois, car elle est composée de restes de commande : soupe,

(1) *Les Classes Ouvrières*, p. R. Lavollée, T. I, p. 399.
(2)   id.   T. I, p. 195.
(3)   id.   T. I, p. 395.

bœuf et gros plats. Les garçons bouchers sont nourris et logés. De même les ouvriers charcutiers. Les demoiselles de comptoir ont en plus le blanchissage fourni. Les garcons laitiers sont nourris, logés et blanchis (1).

Dans l'industrie du vêtement, les grands magasins comme le Louvre et le Bon Marché nourrissent leurs employés. Les ouvrières allant en journée bourgeoise ont généralement un salaire en argent et prennent aussi deux ou trois repas (2).

En somme, le paiement partiel des salaires en nature est en usage dans toutes les industries.

---

§ V. — Modes de paiement des salaires en nature

On peut concevoir deux façons de payer le salaire en nature : un paiement direct et un paiement indirect.

(1) *Office du Travail; La Petite Industrie*, T. I: « L'Alimentation à Paris », p. 78.
(2) *Office du Travail ; La Petite Industrie*, T. II: « Le Vêtement à Paris », p. 80.

Le paiement direct est le procédé le plus simple et le plus primitif. Il consiste à donner au salarié directement et en quelque sorte de la main à la main les objets avec lesquels on le paie. C'est en somme le troc dans sa forme élémentaire. L'échange se fait du salaire contre le travail sans complications ni intermédiaires.

Soit par exemple un laboureur qui a employé un batteur en granges pour une journée en échange d'un salaire constitué par dix gerbes de blé. La journée finie, le patron remettra les gerbes à l'ouvrier qui les emportera. Le paiement sera direct. Si le patron par exemple avait donné à son ouvrier au lieu de l'objet même du paiement en nature un bon constatant qu'il doit à celui-ci dix gerbes, le paiement eut été indirect.

Le paiement indirect est un mode de paiement en nature plus compliqué, mais aussi plus pratique en ce sens qu'il permet d'étendre le paiement en nature à toutes les classes de travailleurs. Le paiement direct est un procédé trop simple. Il n'est guère possible que pour les ouvriers qui vivent avec leur patron, qui partagent sa table et son habitation. L'échange se fait entre eux facilement sans nécessiter de complications. Mais le paiement direct, tout au moins en ce qui concerne les objets d'alimentation, n'est guère possible pour les ouvriers industriels. En effet ceux-ci sont habituellement payés à la quinzaine ou à la semaine. Or on ne conçoit pas un patron qui userait du paiement direct pour les payer et qui leur donnerait une quantité de denrées, pain, viande, vin, etc..., le jour de la paie, proportionnelle au nombre de leurs journées de travail. La nature même des objets d'alimentation qui les rend pour la plupart impropres à la conservation s'oppose à ce mode de paiement. Dans cette hypothèse le paiement direct ne pourrait être employé que si le paiement était quotidien. On a donc du, afin de faire profiter les ouvriers industriels des avantages du paiement en nature, chercher un moyen de concilier les exigences de ce mode de rémunération du travail avec la règle du paiement hebdomadaire ou par quinzaines. Les procédés employés sont alors le paiement en bons ou jetons et la vente à crédit avec retenue opérant compensation.

Dans le paiement en bons ou jetons l'ouvrier reçoit comme salaire un certain nombre de bons ou jetons qu'il pourra échanger contre des denrées, instruments de travail, vêtements, au fur et à mesure de ses besoins, dans des magasins spéciaux, généralement administrés par le patron ou bien désignés par lui à l'ouvrier.

La vente à crédit avec retenue opérant compensation consiste à donner à l'ouvrier les denrées ou objets qui lui sont nécessaires pendant son travail, au fur et à mesure de ses besoins, sans exiger de lui un paiement immédiat,

sauf au patron à prélever au moment de la paie ce qui lui
est du sur le salaire. Le prélèvement ainsi opéré com-
pense la dette contractée par l'ouvrier à l'égard du patron.

Ces deux modes de paiement se ressemblent en ce
qu'ils constituent d'excellents moyens d'appliquer aux
ouvriers industriels le paiement en nature du salaire. Ils
diffèrent en ce que l'un, la vente à crédit, est un crédit
fait par le patron à l'ouvrier, tandis que l'autre, le paiement en bons ou jetons est un crédit fait par l'ouvrier au
patron. En effet, dans la première hypothèse le patron
paie l'ouvrier avant que celui-ci ait fourni le travail. Dans
la seconde au contraire, l'ouvrier est payé avec des valeurs
fictives, après qu'il a fourni le travail. Comme il ne peut
réaliser tous ses bons ou jetons le même jour et que bien
au contraire il doit les utiliser au fur et à mesure de ses
besoins jusqu'à la prochaine paie, il se trouve véritablement faire crédit au patron, à telles enseignes que si le
patron faisait faillite, l'ouvrier n'aurait plus entre les
mains que des valeurs inutiles.

Le paiement en bons ou jetons de même que la vente
à crédit constituent un véritable paiement des salaires en
nature.

En effet lorsqu'un patron donne en paiement des bons
ou jetons, valeurs représentatives d'objets en nature,

nous ne croyons pas que l'on puisse prétendre que le paiement ainsi effectué l'est en argent.

Payer en argent, c'est payer avec des valeurs universellement échangeables, ayant partout la même valeur, reçues par tout le monde. Or, est-ce bien ici le cas ? les bons ou jetons ne sont pas reçus partout, ils n'ont pas partout la même valeur, ils ne sont pas échangeables contre n'importe quoi. Bien au contraire dans l'intention des parties, ils ne sont échangeables que contre des objets en nature. Donc le paiement en bons ou jetons est bien un véritable paiement en nature. Il constitue seulement un moyen détourné de payer avec des valeurs représentatives d'objets en nature, au lieu de payer directement avec les objets en nature eux-mêmes.

Il en est de même pour la vente à crédit avec retenue opérant compensation. Lorsque le patron vend à crédit, c'est effectivement le salaire de son ouvrier qu'il paie de cette manière, salaire non échu pour un travail non accompli, il est vrai. Mais dans l'intention des parties cette vente doit servir de rémunération du travail. Lorsque le jour de la paie arrrivera le patron retiendra sur le salaire de l'ouvrier, la somme qui lui est due. Cette vente est bien en dernière analyse un paiement du salaire. Il suffit qu'elle porte sur des objets en nature, pour qu'elle soit un paiement en nature. D'ailleurs comment soutenir qu'un tel paiement est en argent, lorsque l'ouvrier ne touche pas la moindre monnaie (tout au moins pour la partie de son salaire payée en nature).

Le paiement en bons ou jetons est surtout pratiqué par les patrons qui ont une boutique annexée à leur usine. Ces bons ou jetons sont aussi échangeables chez certains fournisseurs spéciaux contre des denrées, vêtements, boissons, etc... Le paiement en bons ou jetons participe aux avantages généraux du paiement des salaires en nature.

Cependant ce mode de paiement en bons ou jetons présente un grand inconvénient en ce qu'il permet aux patrons peu scrupuleux, comme nous le verrons plus loin, de réaliser sur les salaires de leurs ouvriers des bénéfices singulièrement malhonnêtes.

----

§ VI. — Objets du paiement des salaires en nature

Après nous être occupés des diverses façons dont on paye en nature, notre étude doit porter sur les objets

avec lesquels on paye en nature. Ce sont en général des
choses utiles à l'ouvrier, des objets de première nécessité : logements, nourriture, denrées, instruments de
travail, etc...

1° — *Logements.*

Nous ferons une distinction entre le paiement en nature fait aux ouvriers industriels et celui fait aux autres catégories de travailleurs.

Si le paiement en nature en logements est fait à des
domestiques, à des ouvriers de la petite industrie, il ne
le sera pas par les mêmes procédés qu'on emploiera à
l'égard des ouvriers industriels. Les premiers seront
payés directement, les autres indirectement selon une
distinction que nous avons établie. Un maître qui loue
un domestique, un fermier qui loue un valet, un petit
artisan qui emploie un ouvrier, n'useront pas des mêmes
modes lorsqu'ils paieront leurs employés en logements,
qu'un maître de forges qui a un très grand nombre d'ouvriers sous ses ordres. Les premiers useront du procédé
de paiement le plus simple. Le contrat de travail stipule
que tel ouvrier agricole sera logé, nourri et recevra une
certaine somme en argent. Le fermier le logera, le nour-
rira, chez lui le plus souvent. L'échange du travail con-

tre le salaire s'effectuera directement. Pour les industriels il n'en est pas de même. On se heurte ici à des usages, à des traditions, et aussi à un esprit de défiance,
envers le patron qui veut que tout salaire soit évalué en
argent. L'ouvrier industriel ne consentirait pas à travailler aux mêmes conditions qu'un domestique ou un ouvrier de la petite industrie. Il n'y a pas entre l'ouvrier
industriel et son patron, la confiance réciproque qui lie
les ouvriers de la petite industrie, par exemple, à leurs
maîtres. L'ouvrier industriel a peur d'être lésé par le patron. D'autre part les célibataires seuls peuvent accepter le mode de paiement en nature direct. Toutes ces
considérations ont pour conséquence que le patron industriel qui veut payer ses ouvriers en nature est obligé
d'user de moyens détournés.

Il y a trois façons pour un patron industriel de loger
ses ouvriers : leur vendre des maisons, leur faire des
avances pour leur permettre de s'en faire construire ou
bien leur louer des logements. Ce dernier procédé seul
nous retiendra, car il est véritablement et uniquement
un paiement du salaire en nature.

L'usinier possède des maisons ouvrières. Il y loge ses
ouvriers moyennant un prix fixé par semaine ou par
mois. Pour se payer, il retiendra le jour de la paie sur
le salaire de l'ouvrier, le prix du logement. Nous nous

trouvons en somme devant une véritable vente de logement à crédit avec retenue opérant compensation, c'est-
à-dire devant un paiement en nature. Par ce moyen la
défiance de l'ouvrier n'est pas mise en éveil ; il sait ce
que vaut son logement à l'importance de la retenue que
l'on effectue sur son salaire ; il peut être logé par le patron même s'il est marié et père de famille.

Cependant le logement de l'ouvrier par le patron, présente l'inconvénient considérable de placer le travailleur
sous la dépendance de celui qui l'emploie. C'est que le
logement n'est pas comme les denrées, par exemple, soumis à la concurrence. Souvent le fait de posséder le terrain autour de l'usine, constitue pour le patron un privi-
lège considérable. On ne peut pas habiter partout
lorsqu'on travaille à un certain endroit.

L'ouvrier est obligé d'habiter près de son usine. Et si
le patron possède le terrain autour de l'usine, qu'il ait
le monopole du logement de l'ouvrier, celui-ci est obligé
de céder à sa volonté. Il se produit aussi ce fait que si
l'ouvrier se loge ailleurs que chez son patron, celui-ci le
congédiera. Donc l'ouvrier se trouve soumis à une véritable dépendance envers son patron.

La prédominance du patron se traduira de deux façons : par une influence d'ordre moral et par des vexa-
tions matérielles.

Dans le premier ordre d'idées nous pourrons citer le rapport de M. Lamendin au Conseil supérieur du travail : « Ce grand nombre de maisons construites par les patrons constitue un système qui présente des inconvénients très fâcheux en ce sens que la liberté des ouvriers est aliénée. Nous avons vu empêcher la distribution des journaux dans les cités ouvrières. Nous avons vu également les propriétaires de ces maisons organiser une police locale... Les propriétaires des cités ouvrières pourront empêcher la distribution des bulletins de vote.,. (1). De plus l'ouvrier locataire, s'il se met en grève sera impitoyablement mis à la rue par son patron. C'est ainsi que le 8 septembre 1894, à la suite d'une grève, 129 familles furent expulsées des locaux qu'elles occupaient à Rive-de-Giers (2).

Dans l'ordre économique il arrive souvent, en Angleterre surtout, que les patrons abusent de leur supériorité pour spéculer sur les logements ouvriers. Ils font payer des loyers hors de toute proportion avec l'importance de l'habitation. Tous ces inconvénients ont les conséquences les plus fâcheuses et tendraient à amener l'interdiction des logements ouvriers.

Mais cependant ces habitations ouvrières, si elles sont

(1) Lamendin. *Conseil supérieur du travail*, 2ᵉ session, p. 10.
(2) M. Lambert. op. cit. p. 87.

véritablement édifiées dans des conditions d'hygiène et de salubrité suffisantes offrent des avantages tels que ces inconvénients sont secondaires. Le paiement des salaires en nature au moyen de logements est un mode de rétribution du travail merveilleux au point de vue de ses conséquences sociales et il n'est pas le moindre agent de moralisation des classes ouvrières. A tel point que, si, presque toutes les législations interdisent le paiement des salaires en nature, il n'en est pas qui ne le permettent lorsqu'il a pour objet des logements. Les retenues de salaires pour loyer sont autorisées par la loi hongroise et autrichienne, sans fixer de conditions spéciales ; par la loi allemande au prix des loyers de la localité ; par la loi russe en exigeant l'approbation préalable du tarif par l'inspecteur des fabriques. La loi anglaise soumet ces retenues aux règles ordinaires : conventions écrites entre le patron et l'ouvrier, prix courant, vérification annuelle des comptes. La loi belge autorise également les retenues pour loyer, pourvu toutefois que les baux aient été librement conclus entre patrons et ouvriers (1).

Quant à la loi française, elle n'interdit pas formellement les retenues pour loyer, cependant elles ne sont pas permises en face du texte de la loi du 12 janvier 1895, qui déclare qu' « aucune compensation ne s'o-

(1) M. Lambert, op. cit. p. 89.

père au profit des patrons entre le montant des salaires dus par eux à leurs ouvriers et les sommes qui leur seraient dues à eux-mêmes ». Mais il est d'ailleurs facile de tourner la prescription pratiquement. Il y aura une simple modification de comptabilité. L'ouvrier paiera son loyer immédiatement après avoir touché son salaire. Mais le paiement en logement n'en reste pas moins interdit par la loi, car le procédé indiqué n'est pas un paiement en nature, mais bien au contraire un paiement en espèces, dans lequel l'ouvrier touche réellement son salaire en numéraire.

2°. — *Nourriture*

Nous devrons encore distinguer comme précédemment selon que le paiement en nourriture est fait à des domestiques, à des ouvriers agricoles ou de la petite industrie ou à des ouvriers industriels.

Pour les premiers, le paiement se fait sans difficultés. Il est direct. Le contrat de travail prévoit que le domestique ou le garçon boucher, par exemple, sera nourri. Il s'exécute sans complications, ni moyens détournés. Pour l'ouvrier industriel au contraire, il faudra user de procédés compliqués. Le paiement en nature sera fait indirectement. Le moyen employé le plus souvent sera le paiement avec retenue opérant compensation.

Une difficulté se présente pour le cas où le domestique ou l'ouvrier de la petite industrie est marié. Le paiement en nourriture est alors difficilement praticable. Pour
l'ouvrier industriel, les procédés de paiement employés,
étant moins primitifs, le paiement en nourriture est possible et pour les célibataires, et pour les hommes mariés.

Pour les célibataires, le paiement s'effectue au moyen
de cantines ou pensions alimentaires, dans lesquelles ils
se procurent à bas prix une nourriture saine. Le patron
se paie ensuite au moyen de retenues effectuées sur le salaire. Cet usage des cantines ouvrières est très répandu
dans l'Europe centrale et surtout en Suisse (1). En France,
l'usage des cantines est très peu répandu. Elles n'existent
que dans des chantiers de constructions isolés, où la
difficulté des communications avec les centres habités
les rend indispensables. Pour les hommes mariés, comme l'obligation de prendre les repas en commun leur
rendrait à peu près inapplicable le paiement du salaire en
nature, on les payera en aliments, en denrées non pré-
parées, qu'ils auront la liberté de cuisiner chez eux à
leur guise. Les moyens employés pour réaliser ce paiement en nature sont les modes indirects du paiement
en bons ou jetons ou du paiement avec retenue.

(1) V. Hubert Brice : *Les Institutions Patronales*, p. 218 et
219.

3°. — *Terrain à cultiver*

On adjoint généralement au logement un petit morceau de terre qui peut être cultivé en jardin. Cette amélioration est très sensible au sort de l'ouvrier. Au point de vue pécuniaire, les produits de son jardin lui permettront de vivre à meilleur marché. Au point de vue physique et moral, la culture lui sera une distraction fortifiante et un travail agréable. De plus, le petit jardin peut être excessivement utile en cas de chômage. Il constituera comme un grenier, une réserve qui aidera l'ouvrier.

Le paiement en terrain à cultiver s'effectue au moyen de la retenue du loyer sur le salaire. Il peut s'effectuer aussi par le procédé de la dation directe.

Ce mode de paiement en nature est assez employé, notamment en Suède.

C'est princpalement dans les mines que l'on rencontre ce mode de paiement. Il est très répandu en Angleterre et en Allemagne.

4°. — *Fournitures diverses (Chauffage, éclairage, denrées, vêtements, etc.)*

Beaucoup de patrons payent leurs ouvriers en fournitures de chauffage, d'éclairage, en denrées, en vêtements.

Ces objets du paiement des salaires en nature sont communément employés.

Le charbon et le bois de chauffage, de même que les vêtements et les denrées, sont donnés aux ouvriers sans qu'il soit besoin qu'un économat soit attaché à l'usine. Il suffit que l'on y extrait, débite ou fabrique les objets que l'on donne. Le plus souvent, il est vrai, on les distribue par l'intermédiaire de l'économat.

Le paiement en charbon se fait surtout aux mineurs. Nous avons vu que le mineur de Monthieux recevait un salaire en nature de 1000 kilos de charbon par trimestre. (1) Les charpentiers reçoivent eux en paiement du bois de chauffage. Le patron du charpentier du Devoir à Paris abandonne à l'ouvrier pour les besoins de son ménage tous les morceaux de bois mesurant moins de 0 mèt. 33 de longueur et provenant de la coupe des pièces de charpente exécutée hors du chantier. Il consomme ainsi 1500 kilos de sapin et de chêne. Il a droit en outre à 4 sacs de copeaux de charpente. Il reçoit en outre les morceaux de bois et les clous nécessaires à l'entretien des meubles du ménage.

Les retenues pour le chauffage, les vêtements et les denrées sont autorisées par les législations étrangères. Elles sont interdites par la loi française. La loi allemande

(1) V. Supra, page.

seule autorise les retenues pour fournitures d'éclairage ;
elles paraissent donc interdites dans tous les autres pays
tels que l'Angleterre, l'Autriche, la Hongrie, la Belgique,
qui règlementent soigneusement le système des retene-
nues. (1) Mais en France ces objets peuvent être donnés
en paiement par un autre procédé que le paiement avec
retenue. Ils peuvent être l'objet d'une action directe en
paiement et par conséquent on ne peut pas dire que la
loi française les interdisent.

5° — *Matériel et matières premières*

Ce sont là encore des objets qui servent à payer en
nature. Dans beaucoup d'industries l'usage est que
l'ouvrier doit fournir ses outils ou les matières premières
nécessaires à son travail. Par conséquent on doit lui en
faciliter la possession. Le plus simple pour cela est de le
payer en outils par le moyen de la retenue. Le patron
donne à ses ouvriers les outils dont ils ont besoin et en
retient le prix au moment de la paye sur le salaire.

Ce mode de paiement en nature est autorisé par les
législations étrangères : en Autriche et et en Hongrie sans
conditions spéciales, en Belgique à condition que le prix
des outils ne dépasse pas le prix de revient, en Allemagne

(1) M. Lambert, op. cit. p. 112, 113.

au prix de revient ou à un prix plus élevé selon que le
travail est effectué à temps ou à tâche, en Angleterre aux
conditions ordinaires, c'est-à-dire au prix courant et
avec autorisation écrite et formelle de l'ouvrier. La loi
française qui interdit en principe les retenues se montre
très large pour les fournitures d'outils et de matières premières. C'est que l'intérêt pour l'ouvrier d'avoir ses outils
et ses matériaux à sa disposition est considérable et que
sa situation serait singulière s'il ne les avait pas en sa possession et si le patron les lui refusait.

Cependant, et cela nous permet de constater que dès
que le paiement en nature est permis il donne lieu à des
spéculations à l'égard des ouvriers, cette pratique a donné
lieu à des abus particulièrement graves. Les patrons pro-
fitant de leur situation prépondérante à l'égard des ouvriers leur faisaient payer les outils et les matériaux plus
chers que leur prix sur le marché. Ainsi, dans l'industrie
de la bonneterie à Nottingham, les patrons louent les
métiers aux ouvriers qu'ils emploient ; ou bien le plus
souvent, ces métiers sont loués par des middlemen (intermédiaires ou marchandeurs) qui, après avoir pris un
ouvrage à l'entreprise, le distribuent aux ouvriers. Les
middlemen ont fini par établir un monopole qui leur permet d'exercer sur les ouvriers la pression la plus tyranni-
que. La location des métiers est fixée à un prix si exorbi-

5

tant qu'elle n'est plus que la suppression déguisée d'une partie du salaire. (1) On cite les faits suivants : une femme travaillant à la machine à coudre pour faire des chemises gagne 5 à 7 schellings (6 fr. 25 à 8 fr. 75) par semaine ; mais on lui retient 9 pences (0 fr. 90) pour la fourniture du coton et 2 schellings 6 pences (3 fr. 10) pour le loyer de sa machine. De sorte que la moitié de son salaire se trouve absorbée. Aussi une loi du 30 juillet 1874 est-elle venue interdire dans cette industrie, les retenues pour prix de location de métiers ou machines. (2)

6° — *Matériaux pour revendre*

C'est un usage dans certaines industries de payer certains ouvriers en nature au moyen d'objets impropres à la consommation et non nécessaires à la vie ou au travail de l'ouvrier. Ces objets doivent être revendus par l'ouvrier et le prix de la revente est destiné à augmenter son salaire.

C'est ainsi qu'à Paris, chez les bœuftiers, les garçons ont droit au ris et aux petites viandes. De même dans l'industrie de la pâtisserie, le plongeur a droit aux eaux grasses. (3)

(1) Comte de Paris. La Situation des Ouvriers en Angleterre, p. 34.
(2) M. Lambert, op. cit., p. 115, 116.
(3) Office du Travail. La Petite Industie. T. I. L'alimentation à Paris, p. 133.

On peut en outre payer en nature avec n'importe quoi pourvu que ce ne soit pas de l'argent. Les objets les plus hétéroclites, les plus étrangers aux besoins journaliers de l'ouvrier peuvent lui être donnés en paiement. Il est certain que dans ce cas le paiement se produit dans l'intention que l'ouvrier revendra les objets qui lui sont ainsi donnés et que le prix de la revente constituera son salaire. Ce genre de paiement est surtout utilisé lorsqu'on a pour but de spéculer sur le salaire de l'ouvrier. Il a donné lieu à la pratique connue sous le nom de truck-system.

§ VI. — Avantages et inconvénients du paiement des salaires en nature

Une semblable étude ne saurait être complète si, indépendamment du fonctionnement actuel du paiement des salaires en nature, nous ne nous occupions de déterminer à un point de vue absolu les avantages et les inconvénients de ce mode de rétribution de l'ouvrier. Nous verrons que en dehors de ses applications pratiques, le paiement en nature est une institution destinée à rendre les -plus grands services aux classes ouvrières. Cette opinion ne laissera pas d'ailleurs que d'être modifiée lorsque nous aurons vu l'usage qu'on en a fait, ce qui nous permettra de conclure que c'est non à son imperfection propre mais à celle des hommes qu'on doit imputer.son interdiction.

I° — AVANTAGES DU PAIEMENT DES SALAIRES EN NATURE

A. — Le paiement des salaires en nature permet
d'améliorer le sort des ouvriers

Le paiement des salaires en nature peut paraître comme une solution des nombreux problèmes qu'on a classé sous le nom générique de question ouvrière. Si on considère en effet que les salaires sont aujourd'hui à un taux très élevé, que les mesures philanthropiques, les institutions de prévoyance, les lois de protection ouvrière se sont multipliées et que cependant le sort de l'ouvrier industriel persiste à rester lamentable, que celui-ci s'adonne à l'alcoolisme, est mal logé, mal nourri, dans un désarroi moral ineffable, on est porté à penser que cela résulte d'un mauvais emploi de son salaire. Au lieu de consacrer le produit de sa journée à se bien loger, bien vêtir, bien nourrir lui et sa famille, à donner enfin satis-faction à ces trois conditions qui sont le plus nécessaires à la vie de l'homme en société, l'ouvrier dépense le pro-duit de son travail, en dehors de sa famille en se livrant à l'alcoolisme et à d'autres funestes habitudes. Ce fléau, contre l'extension duquel on réagit partout aujourd'hui, a les effets les plus malheureux sur le budget de l'ouvrier et sur son état moral et physique. Pour la satisfaction de ses vices l'ouvrier dépense la plus grande partie de son salaire. Il ne lui reste que peu d'argent pour subvenir aux besoins essentiels de la vie, aux charges de famille, aux mesures de prévoyance. Le remède consisterait à obliger l'ouvrier à ne dépenser son salaire que pour ses besoins propres et ceux de sa famille. Il suffirait pour cela d'enle-ver au salaire son pouvoir circulant ou tout au moins de n'en permettre l'échange que dans des conditions trop coûteuses pour être pratiquées. Le paiement en nature peut tout cela. Le salaire sera payé à l'ouvrier en loge-ments, en vêtements, en nourriture, etc... Le reliquat seul lui sera abandonné en argent. Il pourra en disposer, mais les besoins essentiels seront satisfaits, sa santé et

celle des membres de sa famille seront sauvegardées et
avec eux lui seront rendus l'ardeur au travail, la confiance
en soi-même, l'amour des autres.

Mais une pareille mesure ne peut être imposée à l'ouvrier. L'ouvrier a la libre disposition de son salaire qui
constitue sa propriété. Il doit consentir toutes les modifications au contrat de salaire, que celui-ci soit accepté
expréssement ou tacitement. Une loi ne saurait imposer
à tous les ouvriers un pareil paiement du salaire. Ce
serait une violation du droit élémentaire de la liberté du
travail. Cette réforme ne pourrait être appliquée aux
ouvriers qu'avec leur adhésion. Deux facteurs pourraient
amener les ouvriers dans cette voie : et d'abord la con-
viction de leur part que leur sort doit être amélioré, et
ensuite les pratiques philanthropiques qui peu à peu
amèneraient les ouvriers au paiement en nature. Le
patron amènerait l'ouvrier à comprendre que son intérêt consiste à accepter cette forme de paiement et donnerait aussi des preuves éclatantes de sa bonne foi et de son
honnêteté. On doit dire que si le paiement des salaires
en nature subit aujourd'hui un discrédit qui a amené son
interdiction dans la plupart des pays, c'est aux patrons
qu'il faut en faire remonter la responsabilité. Ce sont eux
qui par de coupables pratiques, des abus honteux et malhonnêtes, ont détourné les ouvriers d'une institution qui,

généralisée, eut pu rendre à la société les services les plus
précieux.

C'est seulement parmi les ouvriers industriels que le
paiement des salaires en nature ne s'est pas répandu.
Mais il est des classes de travailleurs où cette institution
est pratiquée habituellement et démontre par la beauté
de son fonctionnement les réels avantages qu'elle procure aux ouvriers. Le paiement en nature est très répandu, comme nous le verrons plus loin, parmi les domestiques, les ouvriers agricoles et de la petite industrie.
Or on reconnaît communément que de toutes les classes
de travailleurs, ce sont les ouvriers agricoles et de la petite industrie, et les domestiques dont le sort est le plus
heureux, la vie la plus saine. Et si d'autres considérations telles que l'éloignement des centres industriels, le
caractère traditionnel du métier, etc... contribuent à
cette prospérité, il est cependant juste de reconnaître
qu'elle est due en grande partie au paiement du salaire
en nature, qui en enlevant à l'ouvrier la libre disposition
de son salaire, l'oblige à penser à ses besoins avant de
satisfaire ses vices.

II. — *Le paiement des salaires en nature présente
une plus grande utilité pour l'ouvrier que le paiement en argent.*

Le paiement des salaires en nature rend en effet ap-
parent le taux au-dessous duquel le salaire ne peut des-
cendre sans être complètement insuffisant à assurer la
vie du travailleur. Il peut seul réaliser le salaire minimum
au-dessous duquel l'ouvrier ne peut travailler. L'ouvrier
payé en objets directement nécessaires à son existence
connaîtra tout de suite si le salaire qu'on lui alloue sera
suffisant pour le faire vivre lui et sa famille. Il ne sera
ainsi pas trompé par la valeur en numéraire de son salaire. La force d'acquisition de l'argent varie avec le
temps et le lieu. L'ouvrier payé en nature sera mis à l'a-
bri des fluctuations de prix et des variations dans la
valeur de la monnaie. Il obtiendra toujours sa subsistance
en retour du travail accompli, même en cas de renché-
rissement des choses nécessaires à la vie.

Le paiement en nature donne aussi a l'ouvrier l'avantage d'avoir les denrées et les choses nécessaires à son

existence au prix coûtant. Les intermédiaires successifs par lesquels passe la marchandise avant d'arriver à l'acheteur, en élèvent, par la rémunération à laquelle chacun d'eux a droit, considérablement le prix. Les objets donnés en paiement à l'ouvrier sont, au contraire, directement achetés par le patron au producteur ou au premier intermédiaire. On évite ainsi une élévation du prix des marchandises données en paiement. Et de plus le patron ayant de nombreux employés à payer achètera ces marchandises en gros. Ce sera encore une diminution du prix, dont il fera bénéficier ses ouvriers. A ce point de vue, le paiement des salaires en nature donne les mêmes avantages que les sociétés coopératives de consommation. L'économat n'est en définitive qu'une coopérative de consommations gérée par le patron. Nous savons que l'ingérence du patron en pareille matière suffit à enlever tout intérêt à ces institutions qui ont surtout pour but le développement de l'initiative et de l'activité des ouvriers. Mais au point de vue des résultats, un économat géré honnêtement et habilement donne les mêmes avantages qu'une coopérative de consommation et de plus il peut éviter certains inconvénients inhérents aux institutions dirigées par les ouvriers seuls, tels que : difficultés de première installation, rivalités entre ouvriers, etc...

Ces avantages inappréciables ne seront, il est vrai, réels que si le patron veut le bien de l'ouvrier et ne songe pas, sous couleur de philanthropie, à réaliser à son égard des bénéfices illicites. Nous pensons d'ailleurs que l'intérêt même des employeurs est d'user avec honnêteté du paiement en nature. Car cette institution permet en somme de résoudre une question grosse de dangers. L'ouvrier demande éternellement une élévation de salaire. C'est là la cause de la fréquence des grèves, de l'organisation sociale des luttes politiques. Les patrons au contraire luttent avec acharnement contre les prétentions des travailleurs. Ils organisent des coalitions, des lock out, ils s'associent et se groupent partout pour résister aux demandes, puis aux sommations et aux menaces de la masse des prolétaires. Le paiement en nature permet de tout concilier. Il permet de donner au salaire son maximum d'utilité sans en élever le taux. Le fonctionnement des économats, des cantines, des entreprises de logements ouvriers fait réaliser aux travailleurs des économies qui accroissent d'autant le taux de son salaire. Cet avantage résulte du meilleur emploi que fait l'ouvrier de son salaire. Nous pensons que ce résultat ne peut être atteint que par les coopératives de consommation, qui exigent toutefois pour leur fonctionnement une longue éducation de la masse des travailleurs. Au contraire un

peu plus de philanthropie, un peu plus de désintéresse-
ment de la part des patrons, permettraient d'apporter,
par l'application du paiement des salaires en nature, les
plus grands soulagements aux classes ouvrières et un arrêt dans la lutte qui divise employeurs et employés.

2· — INCONVÉNIENTS DU PAIEMENT DES SALAIRES EN NATURE

I. *Le paiement des salaires en nature n'est pas un
mode pratique de rémunération.*

Il est incontestable qu'il est moins commode de payer
en nature qu'en argent. Les objets donnés en paiement
sont certes d'un maniement plus difficile et d'une comptabilité plus ardue que des pièces de monnaie. Le paiement en nature n'offre pratiquement aucun avantage sur
le paiement en argent. Il est incommode et difficilement
praticable. Il suppose un certain nombre de conditions
qui se rencontreront rarement. Il sera difficile de trouver des ouvriers qui consentiront de leur plein gré à
cette sorte de main-mise, de contrôle sur leur salaire.
Il sera encore plus mal aisé de trouver des patrons d'ab-

solue bonne foi qui s'imposeront un surcroît de travàil,
de soucis, de risques pour le seul bonheur de leurs ouvriers.

II. *Le paiement des salaires en nature est injuste.*

L'ouvrier qui touche ainsi son salaire ne reçoit pas intégralement tout ce à quoi il a droit. Il est payé en valeurs de consommation au lieu d'être payé en valeurs
d'échange. Ce n'est pas la même chose que de payer tel
salaire en argent ou en nature. L'ouvrier qui reçoit un
objet en nature équivalant à une certaine somme d'argent ne reçoit pas la même valeur que si on lui donnait
cette même somme d'argent. La raison de cette différence est que le salaire en nature, pour avoir sa vraie
valeur, doit être consommé par l'ouvrier lui-même.
Si pour une raison, ou pour une autre il voulait transformer ce salaire en une somme d'argent, on ne lui en
donnerait pas une valeur égale à celle qu'il représentait
pour lui. Il serait obligé de subir les inconvénients et les
dépréciations qui résultent de la réalisation en argent
d'objets impropres à l'échange.

Même dans l'hypothèse d'un paiement de bonne foi,

dans lequel les objets donnés en paiement le seraient au
prix coûtant, l'ouvrier perdrait une certaine somme à
vouloir les vendre pour les transformer en argent. Il lui
faudrait d'abord trouver un acquéreur, dont les prétentions seraient d'autant plus exigeantes que celui-ci saurait avoir affaire à un vendeur pressé et par le besoin et
quelquefois par la crainte de voir sa marchandise se dé-
tériorer. D'autre part, il lui faudrait consacrer un certain travail, d'où une perte de temps, soit à chercher
l'acquéreur, soit à soigner ou transporter la marchandise, ce dont il ne lui serait pas tenu compte dans le prix
d'achat. A plus forte raison, ainsi que cela se passe en
pratique, lorsque le paiement en nature est fait au moyen
de marchandises données au prix qu'elles coûtent dans
les autres magasins, l'ouvrier subira-t-il une perte dans
la revente? Il résulte donc de là pour lui, dans tous les
cas, une diminution de salaire. Et s'il consomme lui-
même son salaire, il n'en est pas moins vrai que ce salaire a une valeur moindre que le même salaire payé en
argent, parce qu'il a un moindre pouvoir d'acquisition,
en un mot, parce qu'il constitue une valeur de consommation et non une valeur d'échange.

III. — Le salaire en nature est un instrument commode aux mains des exploiteurs

Le paiement en nature rend le salaire plus variable que le paiement en argent. Lorsque l'ouvrier est payé en argent, il touche une certaine somme pour son dû. Il ne peut être lésé. L'argent a la même valeur pour tout le monde. C'est une valeur d'échange dans toute l'acception du mot. En touchant la somme à laquelle est fixée son salaire, il recevra un pouvoir d'acquisition qui sera le même pour tout le monde. Il sait que la propriété de tant de francs lui donnera une somme égale de jouissance. A moins d'altérer la valeur de la monnaie, il ne peut résulter pour lui aucun dommage du paiement en argent. La monnaie avec laquelle il est payé est invariable. Si au contraire, l'ouvrier est payé en nature, il pourra être frustré. Les objets en nature ne sont pas de communes mesures des valeurs. Il sont variables quant à leur forme, quant à leur qualité, quant à leur valeur, sans qu'il soit facile de s'en apercevoir. C'est ainsi que si le patron veut exploiter son ouvrier, le paiement en nature lui sera commode. Il n'aura, par exemple, qu'à diminuer la qualité de la marchandise qu'il donne en paiement, sans en abaisser le prix. L'ouvrier subira ainsi une diminution de salaire et il s'en apercevra certes moins facilement que si on lui diminuait son salaire argent.

DEUXIÈME PARTIE

APPLICATIONS ET INTERDICTIONS
DU PAIEMENT DES SALAIRES EN NATURE

CHAPITRE PREMIER

Applications du Paiement des Salaires en nature.

Après avoir défini la notion même du paiement des salaires en nature et étudié ses modes, ses objets, son évolution, ses fonctions, il convient de de nous placer à un point de vue très pratique et de considérer le paiement en nature dans ses applications. Nous ne devons pas oublier que nous sommes en pleine discussion économique et si beaucoup d'institutions sociales paraissent séduisantes au point de vue théorique, en pratique elles sont inacceptables. La sociologie est la science où l'on doit le moins faire abstraction de la réalité. Il est cependant curieux de remarquer quelle est celle qui a engendré le plus grand nombre d'utopistes. Pour porter un jugement sur une institution sociale quelconque, il est nécessaire de voir comment les hommes en usent. Là est seulement le véritable critérium de la valeur d'une institution sociale.

Ainsi pour que notre étude sur le paiement des salaires en nature soit complète, il nous faut examiner quel usage la société en a fait.

Nous devons faire au principe une première constatation. De même que le paiement en nature a ses avantages et ses inconvénients, de même il convient à telles catégories de travailleurs et ne convient pas aux autres. Il importe de considérer le paiement en nature dans ses applications, d'un côté aux domestiques, ouvriers agricoles et de la petite industrie, et, de l'autre, aux ouvriers industriels. Cette distinction nous est révélée par la loi belge du 16 août 1887, portant règlementation du paiement des salaires, qui renferme l'article suivant : « La présente loi ne concerne ni les ouvriers agricoles, ni les domestiques, ni d'une manière générale les ouvriers nourris et logés chez leurs patrons » (art. 12). Nous trou-

6

vons aussi le principe de cette différence établi dans la loi anglaise du 16 septembre 1887 sur le truck : « Il est permis dans toute exploitation agricole de comprendre le logement et la nourriture parmi les engagements d'un ouvrier et cela en sus de son salaire en argent » (art. 4).

Il y a donc deux catégories différentes de travailleurs pour lesquels le paiement des salaires en nature est permis ou bien proscrit. Nous diviserons donc notre étude sur les applications du paiement des salaires en nature en deux parties, selon que nous nous occuperons des domestiques, ouvriers agricoles et de la petite industrie ou des ouvriers industriels.

§ I. — Ouvriers domestiques, agricoles et de la petite industrie

Il est reconnu que le fait de payer en nature les domestiques, les ouvriers agricoles et de la petite industrie constitue un usage très suivi. « Il n'est nullement question de prohiber le salaire en nature qui rentre pour une si large part dans la rétribution des ouvriers agricoles ou

de la petite industrie et des domestiques. Pour c s catégories de nombreux travailleurs, la coutume est de recevoir leurs moyens matériels de subsistance en retour du
travail accompli. La partie principale du salaire leur est
payée en nature (nourriture, logement, etc...) ; à titre
accessoire seulement, des gages en argent » (1). Nous
nous trouvons évidemment ici devant certaines catégories
de travailleurs pour lesquel le paiement en nature est un
mode de rétribution très avantageux et même nécessaire.

Il est en effet dans la nature des choses que les domestiques, que certains ouvriers agricoles, attachés à la
personne ou à la propriété, reçoivent de leurs maîtres
nourriture et logement. Cela est nécessaire pour qu'ils
puissent remplir leurs fonctions. Cette utilité ne se rencontre pas pour les ouvriers industriels. D'autre part, les
ouvriers agricoles surtout et certains ouvriers de la petite
industrie vivent généralement « à pot et à feu » avec leur
maître. S'ils sont mal logés ou mal nourris, ils ne peuvent
s'en plaindre, car leurs maîtres ne sont pas mieux
qu'eux et la nature de leurs travaux exige qu'il en soit
ainsi.

Nous remarquons que précisément celles pour les-

(1) Jules Cabouat : *De la Réglementation Législative des
Salaires*; Revue Critique, 1894, p. 222-223.

quelles le paiement en nature est généralement reconnu comme convenable sont les catégories d'ouvriers que nous avons classé dans notre étude sur l'évolution du paiement des salaires en nature dans la famille et la corporation. Les ouvriers agricoles et les domestiques perpétuent la vie de famille et avec elle la nécessité du paiement en nature. La petite industrie continue les traditions du moyen-âge en logeant et nourrissant ses ouvriers. Pour ces deux catégories de travailleurs la forme du paiement en nature qui constituait leur originalité s'est aussi transmise. Pour ces ouvriers, le salaire en nature n'est pas apprécié en argent. Ils sont logés, nourris, vêtus, simplement. C'est là l'indice d'une confiance réciproque entre maître et ouvrier et ces bons rapports permettent la pratique du paiement en nature sans dangers.

Cependant même dans ce cas la pratique du salaire en nature n'est pas sans soulever quelques critiques adressées à la manière dont sont traités soit les domestiques, soit les ouvriers agricoles, au point de vue de l'habitation et de la nourriture.

Ainsi, « tous les traités d'hygiène s'élèvent contre les chambres petites, privées d'air, parfois de lumière, où couchent souvent les domestiques » (1). Nous trouvons

(1) M. Lambert, loc. cit., p. 84.

dans l'enquête anglaise de 1890, citée par Lavollée, des renseignements sur la condition déplorable dans laquelle se trouvent la plupart des logements des ouvriers agricoles : « La majorité des cottages sont mauvais, et un grand nombre d'entre-eux paraissent impropres à l'habitation... On en rencontre beaucoup avec une seule chambre à coucher à laquelle on accède au moyen d'une échelle par un trou dans le plancher, sans même une trappe pour le boucher » (1). « Le rapport de M. Little rend compte de l'impression générale de l'enquête : « Il est impossible de lire les rapports des commissaires adjoints sans éprouver un sentiment pénible en songeant que trop souvent et trop communément l'ouvrier agricole vit dans des conditions qui, physiquement et moralement sont malsaines et nuisibles ». La commission demandait en concluant que le Gouvernement fut autorisé à faire aux propriétaires fonciers des prêts remboursables dans des conditions déterminées pour la construction des cottages salubres et à bon marché » (2). Une loi du 2 août 1890 a d'ailleurs accédé à cette demande. En France, les habitations ne sont peut-être pas dans de meilleures conditions d'hygiène. Nous pourrions citer en

(1) R. Lavollée : *Les Classes Ouvrières en Europe*, T. IV, p. 277-278.
(2) R. Lavollée : id. T. III, p. 524.

Provence nombre de fermes dans lesquelles les ouvriers ne sont pas mieux logés.

Quant à la nourriture, certaines lois nous révèlent que les abus, qui ont amené partout l'interdiction du truck-system, se sont peut-être produits. Ainsi la loi russe du 12 juin 1886 contient l'article suivant : « Si les ouvriers sont nourris par le maître, les aliments qui leur sont fournis doivent être de bonne qualité et de la même nature et quantité que la nourriture des paysans de condition moyenne de la localité. » (art. 31). « Mais le maître n'a pas le droit d'obliger les ouvriers à accepter pour la paye qui leur est due, au lieu d'argent du pain, des marchandises ou autres objets. » (art. 32) De même en Angleterre, il a été constaté par les enquêtes parlementaires que des ouvriers agricoles avaient reçu jusqu'à la moitié de leurs salaires en fournitures de cidre. (1) Aussi la loi sur le truck permet-elle de fournir la nourriture aux ouvriers agricoles, mais sans liqueurs fortes. (L. 15 octobre 1881).

Le paiement en nature est aussi pratiqué, faute d'ailleurs de ne pouvoir faire autrement, par les armateurs pour la subsistance des gens de mer. On se trouve en effet ici devant une nécessité inéluctable qui oblige le

(1) Walker. The Wages Question, p. 327. Cité par Cauwès, Cours d'Economie Politique. T. III, p. 93, note 1.

patron à nourrir, loger, vêtir ses ouvriers lorsqu'ils sont
à la mer. Cette pratique s'impose à un tel point qu'elle
est règlementée législativement et que des lois maritimes
prévoient la quantité et la qualité de la nourriture à déli-
vrer aux marins C'est ainsi qu'un décret-loi sur la ma-
rine marchande, du 24 mars 1852, art. 76 stipule que
« tout capitaine qui, hors le cas de force majeure, prive
l'équipage de l'intégralité de la ration stipulée avant le
départ ou, à défaut de convention, de la ration équiva-
lente à celle que reçoivent les marins de la flotte, est tenu
de payer des dommages-intérêts à chaque personne com-
posant l'équipage, et peut en outre être puni d'amende. »

Donc le salaire en nature à l'égard des domestiques,
ouvriers agricoles et de la petite industrie est employé
généralement. On ne peut considérer les quelques mesures législatives que nous avons citées comme le con-
damnant. Elles ne font d'ailleurs que le règlementer,
ce qui est une façon de reconnaître sa nécessité. Aussi
lorsque nous nous poserons la question de savoir si le
paiement en nature doit être maintenu ou supprimé pour
cette catégorie de travailleurs, les considérations auxquelles nous nous sommes livrés, la nécessité de ce mode
de rétribution, le fait que peu d'abus se sont produits
dans sa mise en pratique et qu'il est universellement bien
accueilli partout, nous conduiront à en décider le maintien.

§ II. — Ouvriers industriels.

Nous avons reconnu que le paiement des salaires en nature était généralement pratiqué envers les domestiques, les ouvriers agricoles et de la petite industrie et que s'il a donné lieu à quelques rares abus, il n'en est pas moins accepté par les travailleurs auxquels il s'adresse.

Mais à l'égard des ouvriers industriels la situation n'est plus la même. L'ouvrier de la grande industrie se trouve devant un patron qu'il ne connaît pas, mais qui lui impose sa volonté parce qu'il est le plus fort et le mieux armé. Presque toujours l'ouvrier cède pour conserver son gagne-pain. Sa résistance se traduirait par un renvoi immédiat. L'action collective est difficilement possible, rarement victorieuse, en tout cas elle impose toujours à l'ouvrier de grands sacrifices. Il préfère plier devant l'autorité et les exactions patrona'es pour éviter la misère des chômages. La puissance du patron est presque sans bornes. Elle s'exercera toujours dans le sens de son intérêt et au détriment de l'ouvrier. C'est ainsi que le paiement en nature qui est une institution fertile en bons résultats lorsqu'elle est pratiquée sans esprit de lucre, devient dans la grande industrie la cause d'abus intolé- rables. La toute-puissance des patrons les aveugle sur la limite exacte où s'arrêtent leurs droits et où commencent leurs devoirs à l'égard des ouvriers. Le paiement en nature est devenu pour eux un moyen d'augmenter leurs bénéfices. Ils n'ont eu pour cela qu'à vicier l'institution en usant de leur autorité et de leur force. La pratique de ces abus est connue sous le nom de truck-system.

Le paiement en nature est aussi pratiqué par le moyen des économats. L'étude de cette institution et l'exposé du truck-system nous permettront de mettre en lumière qu'à l'égard des ouvriers industriels le paiement en nature n'a été pratiqué avec bienfait que grâce à la protection patro- nale. Ce mode de rétribution n'est actuellement accepté par les ouvriers que lorsqu'il est employé par les écono- mats, qui sont au premier chef des institutions patro- nales. Lorsqu'il est pratiqué sans que le patron apporte dans son fonctionnement le souci d'une sincère philan- thropie, il donne lieu à des abus considérables, par suite de l'inégalité sociale des deux parties. C'est en somme là encore l'application du principe que nous avons établi. Le paiement en nature n'est possible que si les rapports entre patrons et ouvriers sont amicaux. Cette condition est nécessaire, car si le patron ne veut pas être l'ami de l'ouvrier, le paiement en nature lui est un procédé trop commode pour le frustrer. Or dans la grande industrie, l'intimité entre le patron et l'ouvrier se manifeste par la création d'institutions patronales. La protection patronale est aujourd'hui la forme de l'union du capital et du travail. Elle seule permet par suite le paiement en nature.

TRUCK-SYSTEM

A. — Définition et différentes formes du truck-system.

On appelle du nom générique de truck-system la pratique qui consiste à effectuer une retenue sur le salaire de l'ouvrier en le payant en nature.

Ce mode d'exploitation se prête à un grand nombre de combinaisons découlant toutes du même principe et ayant « cet objet commun de contraindre l'ouvrier à

accepter en paiement d'une quotité plus ou moins forte
qui lui est due des marchandises fournies par une personne sous la dépendance de laquelle il se trouve écono-
miquement placé. » (1)

Donc frustrer l'ouvrier grâce au mode de paiement,
c'est là le but du truck-system. En voici des exemples
frappants :

Le premier est extrait des dépositions reçues par la
commission d'enquête anglaise de 1871 : « Un ouvrier
(n° 32, 164 du Questionnaire) doit recevoir 43 fr. 75 ; le
patron le paie ainsi qu'il suit : 1 fr. 25 en argent ; 44
livres de farine, qu'il est obligé de cuire et de revendre à
perte ; 14 livres de sucre, dont il ne peut consommer que
trois, il en revend onze à dix centimes de perte chacune ;
3 livres 1[2 de beurre qu'on lui compte 1 fr. 77 chacune
et qu'il revend pour 1 fr. 25. » (2)

Le second nous est fourni par une déposition faite
devant la commission du travail belge de 1886. « Certains fabricants d'armes, dépose M. Volont, magasinier
chez un fabricant d'armes de Liège, paient en argent ;
d'autres paient en marchandises. Et ils font payer les
denrées plus cher qu'ailleurs... J'ai vu sur 1.000 francs

----

(1) Jules Cabouat. Loc. cit. p. 228.
(2) Comte de Paris : *Situation des Ouvriers en Angleterre*,
p. 276.

payer à un recoupeur 500 francs en marchandises, dont
un tonneau de vinaigre. Pour le reste, on lui a remis
une traite à trois mois » (1).

Le truck-system est donc une pratique qui consiste à
payer les salaires en nature. Seulement c'est là un paiement en nature dévié, en ce sens que le patron qui en
use ne s'en sert que pour léser plus commodément
l'ouvrier. Le patron réalise par ce moyen un bénéfice
sur le salaire de l'ouvrier en le payant mal. Il lui fait
subir une réduction de salaire qui augmente d'autant
son bénéfice. Souvent même le patron pourra ne réaliser aucun profit sur la vente ou la fabrication des objets que produit son industrie. Son bénéfice consistera
seulement dans les réductions qu'il fera subir aux salaires de ses ouvriers.

Mais pour user de ce mode de rémunération, il faut
que le patron l'impose à l'ouvrier. L'ouvrier n'accepte
pas de plein gré un tel procédé de paiement qui lui cause
un grand préjudice. La contrainte est le ressort du système entier.

« Cette contrainte est directe, lorsqu'en vertu d'une
condition expresse ou tacite ou sous menace de renvoi,
l'ouvrier est dans l'obligation étroite de faire ses achats
dans un établissement désigné ».

(1) *Enquête de la Commission du Travail belge*, vol. III,
p. 122.

« A l'origine, cet établissement pouvait sans inconvénients être tenu par le patron lui-même et rattaché ou-
vertement à l'entreprise principale. Plus tard, la rigueur
des lois répressives a rendu nécessaire l'emploi de l'interposition de personnes, détour classique pour éluder les
dispositions prohibitives. Ce qu'il était interdit au patron
de faire lui-même, il l'a réalisé soit par l'intermédiaire
d'un parent, soit par un contremaître, chargés l'un et
l'autre de le représenter et de lui rendre compte des bénéfices réalisés ».

« Sous cette première forme de l'achat obligatoire au
magasin patronal, le truck-system n'est pas exclusif du
paiement en espèces métalliques ; la loi du contrat est
même que le paiement du salaire doit être effectué en
argent, à moins qu'il n'ait été d'avance absorbé par des
anticipations... En tout cas que ce paiement ait été ou
non stipulé en espèce, cette condition est toujours frap-
pée d'inutilité par l'obligation imposée à l'ouvrier de res-
tituer en achats les sommes qui lui ont été comptées ».

« Indirecte, la contrainte n'en est pas moins réelle et
plus étroite encore, lorsque, sans qu'il ait été stipulé de
l'ouvrier aucune obligation de s'approvisionner dans tel
magasin déterminé, celui-ci s'astreint à un mode de paiement lui imposant virtuellement cette nécessité. Il en
est ainsi, lorsque l'ouvrier, au lieu d'être payé en mon-

naie métallique ou fiduciaire ayant cours, ne reçoit en paiement que des bons ou jetons d'une valeur purement conventionnelle et toute relative, en ce sens qu'ils n'ont cours que dans certains magasins déterminés dont les opérations profitent directement ou indirectement au chef d'entreprise ». (1)

M. Morisseaux, dans le remarquable rapport fait à la Commission du Travail belge sur « les abus qui se commettent dans le paiement des salaires » établit cinq formes différentes du truck-system :

1° *Le patron paie tout ou partie du salaire en marchandises en cotant celles-ci à un prix plus élevé que dans les boutiques libres.* L'obligation d'accepter ce mode de paiement fait partie du contrat de travail.

Cette forme du truck est aussi une forme du paiement direct du salaire en nature que nous avons déjà étudié. C'est la forme la plus simple et la plus grossière du truck. C'est aussi celle dont le législateur s'est aperçu le plus vite et qu'il a réprimé aussitôt. Les patrons ont dû alors se réfugier dans des formes plus compliquées que nous passerons en revue.

Nous trouvons des exemples de cette façon de frus-

(1) Jules Cabouat. loc. cit, p. 228-229.

trer les ouvriers en les payant en nature dans les dépositions de l'enquête belge : *M. Van Santen, juge de paix
à Grammont* dépose que : certains patrons, surtout jusqu'au moment de la récente grêve, exploitaient les ouvriers d'une façon indigne ; le salaire était payé en nature
et les marchandises données en paiement étaient livrées
à 20 0/0 plus cher que dans les magasins de la ville, et,
abus plus criant encore, parfois les marchandises étaient
rachetées immédiatement à un prix inférieur de 20 à
25 0/0.

Le Conseil des Prud'hommes de Renaix désire une
disposition légale interdisant aux patrons de payer
en marchandises la totalité ou une partie du salaire.
« C'est un véritable abus pratiqué sur une large échelle
par un nombre heureusement limité de fabricants de
Renaix. Les marchandises ou denrées, de qualité souvent inférieure, sont comptées à des prix élevés. Il y a
des fabricants qui opèrent des retenues régulières sur le
salaire de tous leurs ouvriers et, quand ces retenues
ont atteint un chiffre de quelque importance, ils les rem-
boursent en nature. Nous avons même reçu des plaintes
d'ouvriers congédiés par leurs patrons qui réclamaient en
vain le remboursement en espèces des retenues ainsi
opérées. Nous revendiquons pour ces ouvriers le droit

absolu de recevoir leur salaire en espèces et de le dépenser comme ils l'entendent » (1).

2° *Le patron paie ou est censé payer en espèces. Mais il tient une boutique où les ouvriers sont virtuellement tenus de s'approvisionner.*

Ceci est une forme plus perfectionnée du truck. La pression patronale n'apparaît pas. L'ouvrier est libre d'acheter ou de ne pas acheter à la boutique. Mais il sait que s'il ne la fréquente pas, il n'aura plus d'ouvrage. C'est d'ailleurs là la peine qui sanctionne toutes les pratiques de truck.

Ce système est généralement combiné avec des avances en nature à l'ouvrier. Au jour de la paie on apure le compte en prélevant sur le salaire de l'ouvrier la somme qu'il doit pour les avances précédentes. Le reliquat lui est abandonné en argent. Il est généralement insuffisant pour le faire vivre jusqu'à la prochaine paie. Et l'ouvrier est contraint de recourir au crédit que veut bien lui accorder la boutique du patron. On tient donc à la fois l'ouvrier par le travail qu'on lui fournit et par la dette qu'il a contractée.

(1) *Commission du Travail Belge* (Rapport de M. Morisseaux), p. 5.

Voici quelques renseignements fournis par l'enquête

M. Nicolas Bodart, fabricant à Hamme, dépose que l'alimentation de la classe ouvrière à Hamme est détestable. La plupart des industriels tiennent boutique et contraignent les ouvriers à venir se pourvoir chez eux.

M. Pitsart de Liège dit : « Ce qui nous fait mourir, ce sont les petits exploitants qui tiennent des magasins. Les denrées sont chères et mauvaises. On fait payer le lard d'Amérique 2 fr. 50 c. le kilog. » Le président : « Si vous n'allez pas à la boutique, vous donne-t-on de la besogne? » R. « Rarement. Ceux qui y vont sont les préférés » (1).

3° *La boutique n'est pas tenue par le patron, mais par un de ses parents, ou simplement par une personne qu'il protège, et les ouvriers doivent s'y approvisionner s'ils veulent avoir du travail.*

Ce système est simplement une modalité de la forme précédente avec une complication de plus destinée à dissimuler l'ingérence du patron.

4° *Le patron ne fait ni directement ni indirectement aucune retenue sur les salaires : il paie en espèces et ne tient pas de boutique. Mais un contre-*

----

(1) *Citation empruntée à M. Ch. Morisseaux* (Rapport sur les abus qui se commettent dans le paiement des salaires), p. 6.

7

maître ou un employé tient une boutique ou un ca-
baret et fait en sorte d'exclure de l'usine l'ouvrier
ne qui fréquente pas la boutique ou le cabaret.

Dans l'enquête belge, M. Degros-Zonay, ouvrier à Ver-
viers, se plaint d'un contremaître qui tenait boutique et
favorisait les ouvriers se fournissant chez lui : « les marchandises n'étaient pas de bonne qualité. Je n'ai pas
voulu acheter. Il m'a remplacé par un ouvrier qui se
fournissait chez lui et qui s'est fait chasser. Le patron
aurait bien voulu mettre ce contremaître dehors. Mais
celui-ci lui devait trop d'argent » (1).

Ici le truck-system est pratiqué par le contremaître,
chef de trait, chef de bande, courtier, sous-entrepre-
neur, etc... Ce dernier tient un cabaret où l'ouvrier est
obligé de consommer.

Les chefs de trait ou de bande sont de petits entrepreneurs qui font des offres de services à des courtiers qui
leur procurent de l'ouvrage. Ces petits entrepreneurs aug-
mentent les bénéfices qui leur viennent de l'exécution du
travail commandé en tenant une auberge dans laquelle ils
profitent de leur force d'employeurs, d'acheteurs de
main d'œuvre, pour obliger leurs ouvriers à consommer
et à y laisser ainsi une partie de leur salaire.

A côté de ces formes essentielles du truck-system, il

(1) id., p. 7.

nous faut parler de formes toutes modernes de ce mode
de paiement qui n'en ont pas moins le même but et le
même effet que les autres : augmentation du bénéfice du
patron, réduction du salaire de l'ouvrier.

En Angleterre on cite une pratique connue sous le
nom de pluck-me (pillez-moi), qui consiste à payer le
salaire en billets souscrits à une échéance qui peut aller
jusqu'à deux ans et qu'on doit faire escompter, si on
veut les transformer en argent soit à la maison même,
soit à des prête-noms. Avec ces billets, on peut, si on le
préfère, payer dans des magasins appartenant à la maison des objets de consommation vendus jusqu'à 50 0/0
plus cher qu'ailleurs. Les deux systèmes, on le voit, se
complètent l'un l'autre pour aboutir à l'extorsion du salaire si péniblement gagné par l'ouvrier (1). De même,
aux Etats-Unis, des compagnies industrielles payaient les
salaires de leurs ouvriers avec leur propre papier. C'é-
tait pour elles un moyen de les négocier à bon compte.
Une loi de New-York du 6 juin 1889 est venue interdire
ce curieux procédé de paiement.

En Russie, une autre coutume aussi existait qui parti-
cipait aussi à la pratique du truck-system. Certains pâ-
trons payaient leurs ouvriers en coupons de valeurs mo-
bilières échus ou non échus. Si les coupons n'étaient pas

(1) Brice : *Les Institutions Patronales*, p. 213.

échus, on devait nécessairement payer un escompte assez élevé pour pouvoir les encaisser. Si les coupons
étaient échus, ils devaient avoir quand même à subir une
diminution du chef de l'escompte et des impôts. Dans
tous les cas, il devait être d'une difficulté extrême pour
les ouvriers, surtout dans un pays comme la Russie aussi
décentralisé et aussi peu civilisé dans certaines de ses parties, de s'en procurer le paiement. Il ne leur restait guère
que la ressource de charger de ce soin le patron qui sans
doute ne s'en acquittait pas gratuitement. Donc, l'ouvrier par cette pratique se trouvait lésé dans le paiement
de son salaire et le patron y trouvait son avantage, Nous
nous trouvons bien en face d'un cas analogue au truck-
system, dont l'essence est la réalisation d'un profit pour
le patron à l'occasion du paiement du salaire. Une loi du
10 juin 1883, insérée ensuite dans l'article 14 de la loi
sur l'industrie de 1886, a interdit le paiement en coupons échus ou non échus ? (1)

Il existe aussi une spéculation que comprend la défini-
tion du truck-system, qui consiste à payer les ouvriers en
monnaie étrangère. Cette pratique a eu lieu et a lieu encore sur une grande échelle. L'ouvrier payé en monnaie
étrangère supporte les frais du change. Or, dans certains

(1) M. Lambert, op. cit. p. 34.

cas, le patron consent à recevoir cette monnaie en paiement de marchandises fournies par lui à l'ouvrier. C'est une façon de contraindre l'ouvrier à venir s'approvisionner au magasin patronal, où il est alors payé en marchandises sur la vente desquelles le patron réalise un grand bénéfice. C'est ainsi qu'en Suisse les inspecteurs ont signalé à diverses reprises l'usage de la monnaie allemande de la part de maisons qui ont leur principal établissement ou leur principaux débouchés en Allemagne. Celles-ci payaient leurs ouvriers en monnaie avec laquelle elles étaient elles-mêmes payées, et évitaient ainsi les frais du change (1).

Pour couper court à cette pratique, la plupart des législations ordonnent le paiement en monnaie métallique ou fiduciaire ayant cours légal. Il n'y a plus dès lors de contestation possible.

M. Maurice Lambert cite dans son ouvrage « sur la protection des salaires à l'égard du patron » un exemple curieux qui rentre dans le même ordre d'idées. En 1893, les journaux citaient le cas d'une grande maison industrielle d'Anvers qui gagnait 60 0|0 sur les salaires en payant ses ouvriers avec de la monnaie de billon étrangère ; elle faisait convertir des lingots de cuivre en pièces de 10 centimes de la République argentine, ces pièces, tous

(1) M. Lambert, op. cit., p. 33.

frais compris, revenaient à 4 centimes chaque. Il est vrai que ce n'était pas au détriment des ouvriers, mais à celui de l'Etat que le bénéfice était réalisé. On tâcha de couper court à cette spéculation en interdisant la réception des pièces de billon étrangères par les caisses publiques (3).

B. — Inconvénients du truck-system.

L'usage du truck-system a pour conséquence de léser l'ouvrier en faisant réaliser au patron un injuste bénéfice sur le salaire de l'ouvrier. De même, il vicie le contrat de travail et influe malheureusement sur la condition morale et matérielle de l'ouvrier.

1° *Le truck-system entraîne toujours une diminution de salaire pour l'ouvrier.*

Le truck-system pratiqué soit directement, soit indi-

(1) M. Lambert, op. cit. p. 34 en note.

rectement a toujours pour résultat de faire réaliser un bénéfice au patron. Ce bénéfice provient du procédé de paiement employé qui a pour but de leurrer l'ouvrier sur la valeur effective du salaire qu'on lui donne. Le gain du patron est constitué par la perte de l'ouvrier. Le mécanisme du système tient en cette idée bien simple que le patron ne livre ses marchandises qu'à un prix plus ou moins élevé, en tout cas toujours au-dessus de celui du commerce libre. Jusqu'à concurrence de ce relèvement factice des prix, l'ouvrier supporte en réalité une réduction de salaire dont profite seul le patron. L'ouvrier est forcé de consentir à ce prélèvement opéré par l'employeur sous peine de renvoi. Cette réduction de salaire variera suivant les industries. Elle n'a comme limite que les exigences du patron. Elle ne s'arrêtera pratiquement que devant la volonté bien arrêtée de la part des ouvriers d'y résister. Cette résistance n'aura d'ailleurs d'effet que si elle est collective et s'appuie sur une association compacte et disciplinée des forces ouvrières.

La diminution de salaire supportée par l'ouvrier est assez considérable. A l'estimation de M. le Comte de Paris, en Angleterre les bénéfices dus au truck-system s'élèvent à 10 0/0. (1) M. Morisseaux fixe ces bénéfices d'après les livrets des ouvriers canonniers de Nesson-

(1) Comte de Paris, loc. cit., p. 273.

vaux et les carnets de divers magasins. Il conclut ainsi :
« On restera donc extrêmement modéré en concluant de
ces chiffres que l'obligation pour l'ouvrier canonnier de
fréquenter la boutique du patron se résout par une dimi-
nution effective du salaire de 20 0|0 au moins, de sorte
qu'un ouvrier ayant un salaire de 3 francs ne touche en
réalité que 2 fr. 40 (1). D'après une évaluation du Conseil des Prud'hommes de Renaix (Belgique) la majoration du prix des marchandises données en paiement pour-
rait atteindre quelquefois 20 0|0. M. Maxime Lecomte
dans la discussion qui eut lieu au Sénat sur le projet de
loi relatif aux règlements d'ateliers (24 avril 1894) es-
time ces prélèvements de 25 à 30 0|0,

2° — Le truck-system vicie l'exécution du pacte
de travail

Le pacte de travail est une convention librement con-
sentie par chacune des parties et qui doit être exécutée
loyalement dans toutes ses conséquences. Mais cela n'est
pas vrai lorsque des deux parties, l'une est plus puissante
que l'autre et peut lui imposer sa volonté. Le contrat de
travail est alors vicié et n'est qu'un instrument de spé-

(1) Enquête Belge, vol. III. p. 124, 125.

culation aux mains du patron. Dans la pratique du truck-system, les choses se passent ainsi. Le patron fort de sa situation sociale, de son crédit impose sa volonté à l'ouvrier. Celui-ci accepte tout plutôt que de connaître la misère. La prédominance du maître a pour conséquence de tromper l'ouvrier sur la valeur réelle de son gain et d'imposer à son salaire un emploi déterminé.

En effet l'ouvrier qui est payé en marchandises reçoit moins que ce qu'il devrait recevoir s'il était payé en argent. Que le patron lui donne les marchandises à un prix plus élevé que celui du commerce libre ou qu'il lui donne des marchandises de qualité inférieure, l'ouvrier n'en supportera pas moins un dommage. Il n'aura pas en marchandises la même valeur qu'il aurait eu s'il avait été payé en argent. Il en résulte que l'ouvrier travaille à un prix bien inférieur à celui qu'il exigerait, s'il n'était pas payé en nature. L'ouvrier ne sait pas combien vaut son travail car il ne peut connaître combien il est payé. Sous ce régime l'expression en argent du salaire n'est plus qu'une fiction destinée à leurrer l'ouvrier pour permettre de l'exploiter plus facilement.

De plus le truck-system impose à l'ouvrier un emploi déterminé de son salaire. En effet l'ouvrier, d'après le pacte de travail, a droit à un salaire qui devient sa propriété et dont il est libre par suite de disposer à sa guise.

Sous l'empire du truck-system l'emploi du salaire est déterminé. Il est limité aux choses du magasin patronal
dans lequel l'ouvrier doit se pourvoir sous peine de renvoi. L'ouvrier payé par le patron a une obligation à remplir dont l'objet est son salaire. Il doit rapporter ce salaire
au patron qui en échange lui donne des marchandises.
Il n'en a pas la libre disposition. Il doit bon gré, mal gré,
acheter des objets déterminés.

« C'est surtout lorsque l'ouvrier est payé en jetons
ou monnaie de convention que cet inconvénient est particulièrement sensible. S'il arrive que l'ouvrier n'ait que
faire des marchandises qui lui ont été livrées, il ne peut
échapper à la perte d'une partie de son salaire. Deux
moyens lui sont seulement ouverts pour réaliser, toujours
à perte, les bons ou jetons qui lui ont été remis : ou la
cession de cette monnaie fictive sur laquelle s'établit autour des usines un agio entraînant leur dépréciation, ou
la revente des marchandises reçues en paiement. « Le
tabac, rapporte M. le Comte de Paris dans son analyse
des travaux de la commission anglaise de 1871, est devenu ainsi, un vrai substitut de la monnaie, ou plutôt une
fausse monnaie qui a deux valeurs différentes pour l'ouvrier selon qu'il la reçoit ou la donne; les paquets passent de main en main sans être ouverts, et finissent par
revenir à la compagnie qui les revend à vil prix. » Tel

est le gaspillage de ses ressources auquel doit se résigner
l'ouvrier s'il veut en tirer immédiatement parti : fréquem-
ment il tentera de se dérober à cette nécessité, mais pour
se placer alors par l'abus du crédit et des avances dans
une situation plus misérable encore. » (1)

3° — *Le truck-system exerce une influence*
malheureuse sur la condition matérielle et morale
de l'ouvrier

Tout d'abord, comme nous l'avons déjà vu, le truck
déguise à l'ouvrier la valeur exacte de son salaire. Il l'empêche donc de faire un budget exact de ses recettes et de
ses dépenses, d'autant plus qu'il est à la merci des variations de prix que le patron fera subir à son gré aux marchandises. Il devient ainsi imprévoyant. Et cela est d'autant plus facile pour lui que la boutique du patron donne
les plus grandes facilités pour acheter à crédit. L'ouvrier
achète à crédit et au jour du paiement il se trouve n'avoir
plus rien ou presque rien à recevoir. Il vit au jour le
jour.

De plus comme il est trompé sur la valeur exacte de
son salaire et qu'il croit gagner plus que ce qu'il gagne en

(1) Jules Cabouat, loc. cit. p. 229.

réalité, il ne cherche point à améliorer son sort, par
exemple en abandonnant sa profession pour en exercer
une autre plus lucrative.

Il ne profite pas des baisses qui peuvent se produire
dans les denrées alimentaires. Il doit subir l'intermédiaire obligatoire du patron qui règle à sa guise les prix
et qui encaisse la diminution sans faire bénéficier l'ouvrier du mouvement commercial.

L'ouvrier ne peut sortir de cette dépendance à l'égard
de son patron. Il lui est impossible par exemple de s'affi-
lier à une société coopérative. Il faut de l'argent pour
créer une pareille association. Et il en a si peu à sa disposition.

Enfin très souvent les ouvriers sont payés en bons ou
jetons qui ne sont valables que dans certains débits. Et
ici encore le truck-system contribue à former une sorte
de budget de l'alcoolisme constitué d'autorité par le patron sur le salaire de l'ouvrier.

Le truck-system porte atteinte à la liberté de l'ouvrier.
Celui ci est livré pieds et poings liés au patron, retenu
par la dette facilitée par un crédit très large, terrifié par
la peur d'un renvoi, d'une mise à pied qui le plongerait
dans la misère. Et alors le patron peut à son aise le dé-
pouiller d'une partie du salaire convenu par des moyens
sur l'honnêteté desquels il serait oiseux de s'étendre da-
vantage.

On demandera sans doute ce que devient la liberté du patron, si on lui défend de payer le salaire en marchandises et si on l'empêche de profiter d'une clientèle qu'il considère comme sienne.

Il n'y aurait certes rien à redire à un patron qui tiendrait boutique et qui s'efforcerait d'y attirer ses ouvriers par des moyens honnêtes, mais à condition que ces magasins soient ouverts à tout le monde. De cette façon les marchandises qu'on y vendrait seraient soumises à la concurrence, subiraient les influences de la hausse et de la baisse. Il serait même légitime que les ouvriers soient les propres acheteurs de leur patron. Ils se fourniraient ainsi du travail à eux-mêmes. Mais la clientèle de la boutique n'est pas une clientèle libre. Elle achète là parce qu'elle y est contrainte. L'échange ne s'y fait pas dans des conditions régulières. L'acheteur et le vendeur n'ont pas un gain égal. Le patron seul y gagne et son profit n'est obtenu qu'au prix d'une contrainte d'autant plus odieuse qu'elle s'exerce sur des gens plus faibles pour y résister,

C. — Applications et abus du truck-system
en Angleterre, en Belgique et en France.

Nous bornerons l'étude des applications et des abus
du truck-system dans les pays étrangers à l'Angleterre et
à la Belgique, C'est dans ces deux pays en effet que le
truck-system a sévi avec le plus d'intensité et que par
suite ses inconvénients se sont révélés avec le plus de
netteté.

L'Angleterre est en quelque sorte la terre d'élection
des abus inhérents au truck. C'est dans ce pays qu'ils se
sont développés avec le plus de force aussi bien dans la
grande que dans la petite industrie.

Les premiers truck-shops n'ont pas été créés dans le
but d'exploiter l'ouvrier. A l'origine de l'industrie anglaise, qui dut s'établir loin des villes et de tout centre
de commerce , ils étaient une nécessité. « Lorsque,
nous dit Sismondi, le mécanisme pour filer le coton
(spinning frame) eût été perfectionné en 1769, par Arkwright, et que la puissance empruntée à ses cours d'eau

eut été rendue capable d'exécuter rapidement un des plus
délicats entre les ouvrages humains, de grands capitaux
furent immédiatement destinés à fonder ce qu'on nomme
en Angleterre des factories, c'est-à-dire des manufactures, sur la plus grande échelle, le long des cours d'eau
du Derbyshire, du Nottinghamshire, du Lancashire ;
c'était en quelque sorte la Suisse de l'Angleterre, un pays
de montagnes, de rivières, de vallées encore sauvages où
l'agriculture était peu profitable, la population peu nom-
breuse, mais où des chutes d'eau abondantes offraient au
mécanicien une force dont Arkwright avait enseigné à
tirer un immense profit et qui, déjà avant lui, avait com-
mencé à être employée par l'industrie.(1) »

Dans un milieu aussi dénué de ressources matérielles
que ces vallées encore à l'état de nature, c'était une nécessité impérieuse pour les industriels que de pourvoir
eux-mêmes à la subsistance de leur personnel et de sup-
pléer par leurs propres moyens à l'absence de tout commerce régulier. C'est ainsi que de nos jours les entrepreneurs de voies de chemins de fer ou de fortifications
dont les chantiers se trouvent éloignés de tout centre
doivent pourvoir à la nourriture de leurs ouvriers en organisant des cantines à leur usage.

(1) Sismondi. Etudes sur l'Economie Politique. XIVᵉ essai. T. II
p. 293.

Lorsque les villes industrielles se créèrent et englobè-
rent dans leur sein ces usines isolées dans les pays montagneux de l'Angleterre, les magasins patronaux cessè-
rent d'être utiles. L'ouvrier pouvait trouver par le fonctionnement du commerce local tout ce qui lui était nécessaire ailleurs que dans les truck-shops. Logiquement
les magasins patronaux auraient dus dès ce moment disparaître. Mais les industriels refusèrent d'abandonner
gratuitement ce qu'ils considéraient comme une source
de gains parfaitement légitimes. Le truck-shop, qui n'a-
vait été établi d'abord que dans un but d'utilité publique, devint dans ce perpétuel conflit entre patrons et
ouvriers anglais où chacun lutte pour lui-même de toutes
les armes dont il dispose, une arme de guerre appréciée
surtout comme instrument perfectionné de la réduction
des salaires. La spéculation se fit alors sur une grande
échelle à l'égard des ouvriers, puissamment aidée par
cette circonstance que la plupart des patrons tenaient les
ouvriers dans une demi dépendance. La coutume généralement suivie était alors de ne payer les salaires qu'à
intervalles éloignés. Or, ce système contraint l'ouvrier à
vivre de crédit ou à solliciter des avances sur son salaire
non échu et non exigible. Le patron n'accordait ces avances qu'en contraignant l'ouvrier à les dépenser , soit
directement, soit en achats, dans son établissement, ou

bien le forçait à accepter en paiement n'importe quelle
marchandise.

D'ailleurs, les patrons ne supportaient pas le poids
exclusif de ces extorsions. Les enquêtes ouvertes sur ce
sujet en Angleterre, en 1842, 1854. 1870, ont révélé
que les intermédiaires avec lesquels les ouvriers sont
obligés de se mettre en rapport y ont eu, de tout
temps, la plus large part. Les marchandeurs qui exploitaient déjà si lourdement les salariés tenus de se mettre au service d'un entrepreneur de second dégré par
la pratique du sweating-system, ne dédaignaient pas
la source de bénéfices qui leur provenaient de l'application du truck-system. Mais le marchandeur n'avait pas
de magasin par suite de l'exiguité de ses ressources. Il
stipulait alors d'un cabaretier ou d'un débitant quelconque le partage des bénéfices réalisés sur les achats de ses
ouvriers et pour donner effet à cette convention il les
contraignait à dépenser leurs salaires dans la boutique
de son associé (1).

Les abus du truck-system avaient, nous le savons,
pour conséquence de diminuer considérablement le salaire de l'ouvrier en spéculant sur le mode de paiement.
Mais à ces abus d'ordre pécuniaire se joignaient des
souffrances matérielles que supportaient les femmes

(1) Jules Cabouat, op. cit., p. 231-232.

8

d'ouvriers. La littérature anglaise s'est emparée du sujet et Benjamin Disraéli fait dans *Sybil* une émouvante description de ces misères : les femmes d'ouvriers venant au point du jour chercher les marchandises à la boutique du patron ou du marchandeur, obligées d'attendre sous la pluie qu'on veuille bien leur ouvrir la porte de l'échoppe, forcées d'acheter des marchandises dont elles n'ont nul besoin, à des prix fabuleux, les revendant ensuite à 100 pour 100 de perte, pour se procurer un peu d'argent comptant, et perdant, dans ces courses navrantes, toute leur journée, pendant laquelle leurs pauvres enfants, leur mari, leurs garçons ouvriers n'ont point de feu, point de repas préparé, le logis est privé des soins de la ménagère (1).

L'action de *Sybil* se passe en 1839, huit ans après la promulgation de la loi de Guillaume IV. L'opinion publique s'émeut. Des enquêtes sont ordonnées. Malgré cela, voici ce que l'on lit encore dans le rapport de la commission d'enquête instituée en 1870 pour rechercher les nouveaux abus du truck :

Nous sommes au jour de la paie de la fin du mois, dans une ville du pays de Galles et ce sont les rapporteurs qui parlent :

_____

(1) *Sybil* de B. Disraéli (Trad. de P. Lorain), T. I, livre III, chap. III.

« La boutique s'ouvre à 6 heures du matin et quelquefois plus tôt. Bien avant l'ouverture, des femmes et des enfants arrivent avec leurs livrets d'avances. L'enquête nous a montré des femmes et des enfants attendant en hiver comme en été, dans le brouillard humide et dans la neige, quelquefois à partir de minuit ou d'une heure du matin. Un ouvrier nous a dit avoir vu des femmes gardant une place à partir de minuit, pendant que leurs enfants restaient à la maison, attendant leur nourriture. Voici comment mistress Brown, femme d'un ouvrier d'Abersychan, a déposé :

— D. Allez-vous souvent à la boutique avant la pointe du jour ?

— R. Oui, quand c'est la fin du mois. Le premier lundi du mois nous y allons à 2 heures du matin.

— D. En été et en hiver ?

— R. Oui.

— D. Est-ce que toutes les femmes d'ouvriers font de même.

— R. Oui.

— D. Un grand nombre.

— R. Oui, un grand nombre.

— D. Combien ? une centaine ?

— R. J'oserais dire une centaine ; si ce n'est pas plus, ce n'est certes pas moins.

— D. Elles attendent là trois ou quatre heures avant qu'on ouvre la porte ?

— R. Oui.

— D. Dehors, dans la froidure ?

— R. Oui, assises ou debout.

— D. Cela se fait-il régulièrement ?

— R. Sans doute.

— D. Mais n'y a-t-il aucun abri, aucune place où vous puissiez vous réfugier ?

— R. Non.

— D. A quelle heure s'ouvre la boutique ?

— R. A cinq heures et demie.

— D. Voulez-vous faire serment que vous allez à la boutique à deux heures, et que celle-ci ne s'ouvre qu'à cinq heures et demie ?

— R. Tout de suite.

— D. Et c'est une chose commune ?

— R. Très commune. »

Et la foule continue à croître pendant toute la nuit et elle se précipite dans la boutique quand on ouvre la porte. Un témoin raconte qu'il a vu des enfants grimpant les uns sur les autres pour être servis les premiers. Les moins fortunés attendent longtemps le moment d'avoir leurs provisions de bouche. Un ouvrier, Francis Kelly, dit que sa femme a parfois dû attendre pendant toute une

journée. L'exactitude de ce fait est confirmée par M.
Pratt, gérant d'une boutique.

Le secrétaire de la commission d'enquête, M. Wright,
voulut s'assurer de ses propres yeux qu'on avait bien dit
la vérité et il se rendit à Abersychan, à proximité de la
boutique de l'Ebbw-Wale Company, dans la nuit du di-
manche 27 novembre 1870.

« A une heure cinquante du matin, dit-il, je vis arriver une vieille femme et un petit garçon qui s'assirent sur
la marche de la porte.

Avant deux heures, deux autres femmes arrivèrent.

Je leur demandai ce qu'elles venaient faire là à une
heure semblable.

— « C'est, répondirent-elles, la fin du mois. La boutique ne s'ouvre qu'à six heures, mais si nous ne ve-
nions maintenant nous ne serions pas servies avant le
milieu de la journée. Ce petit garçon là garde la place de
sa mère ».

Six autres femmes et deux petites filles vinrent entre
deux et trois heures du matin, et quand la boutique s'ou-
vrit à cinq heures et demie, il y avait cinquante et
soixante personnes devant le magasin, assises sur des
pierres ou sur leurs paniers, grelottant de froid ».

Il faisait nuit noire, mais ce spectacle était éclairé
par les lueurs des hauts fourneaux situés sur les col-
lines voisines.

L'une de celles que j'interrogeai était venue le mois précédent à onze heures et demie du soir et il était arrivé six femmes avant minuit. « Aujourd'hui, ajoutait-elle, j'aurai mes provisions vers sept heures, mais, je ne pourrais faire beaucoup d'ouvrage de toute la journée (1) ».

Et il y en avaient qui chantaient tour à tour des ballades, et d'autres qui parlaient des boutiques. Deux femmes, dont les maris buvaient, étaient très portées pour les boutiques, mais elles disaient qu'on avait raison de réclamer. Quelques-unes vendaient du tabac fourni à la boutique pour payer leur loyer. Tout ce qu'on nous avait dit à l'enquête, à Cardiff, était vrai ». (2)

Cette citation un peu longue montre à quelles souffrances pour la classe ouvrière amenaient les abus du truck-system, et aussi avec quelle ténacité ils avaient pénétré dans les mœurs industrielles anglaises, puisqu'ils se produisaient encore avec cette intensité quarante ans après la grande loi de Guillaume IV de 1831.

En Belgique, comme en Angleterre, c'est principalement dans le marchandage que s'est révélée la pratique du truck-system. Les renseignements les plus complets

---

(1) *Report of the Commissioners appointed to inquire into the truck-system, 1871*, vol. I, p. XIII et XIV.
(2) Ch. Morisseaux, op. cit., p. 4 et 5.

nous sont fournis par l'enquête faite en 1886 par ordre du gouvernement sur les abus qui se commettent dans le paiement des salaires. Le remarquable rapport de M. Charles Morisseaux qui a suivi cette enquête nous indique quel est le véritable caractère du truck-system en Belgique.

« Dans le Borinage, par exemple, écrit-il, les directeurs de charbonnage traitent avec des sous-entrepreneurs, nommés « chefs de trait », qui se chargent d'effectuer le transport des produits dans un chantier déterminé et moyennant un prix convenu. Ces chefs de trait embauchent les ouvriers qu'ils paient eux-mêmes et comme ils l'entendent. Or la plupart, sinon la totalité de ces petits entrepreneurs tiennent des boutiques ou des cabarets. Et c'est toujours au cabaret que l'on paie. L'ouvrier est donc obligé de consommer pour recevoir son salaire et l'on s'arrange souvent de manière à le faire consommer plus qu'il ne voudrait (1) ».

L'enquête belge faite par la commission instituée par arrêté royal du 15 avril 1886 nous fournit nombre d'exemples qui dénotent que le truck-system sévit en Belgique avec autant d'intensité qu'en Angleterre.

Parmi les réponses faites au questionnaire adressé dans tous les centres industriels par les commissaires

(1) Enquête Belge, vol. III, p. 110.

royaux, citons la réponse du Gouverneur de la Flandre
Occidentale : « Le paiement en nature au moment même
de la paie n'existe pas dans cette province ou du moins
il ne s'y pratique que très exceptionnellement : seulement ce qui se pratique sur une large échelle par
*obligation tacite, mais non moins coercitive que si
elle était expresse*, c'est l'achat par l'ouvrier des articles de consommation, victuailles, boissons, vêtements,
charbons, soit chez le patron, soit chez le contremaître,
soit chez un parent de ceux-ci ou chez un marchand
recommandé par eux ; et alors, bien souvent, les marchandises sont de qualité inférieure ou ne sont pas de
bon poids ce qui équivaut dans l'un et l'autre cas à un
prix plus élevé ».

M. Auguste Francotte, fabricant d'armes à Liège
s'exprime ainsi : « Une partie des fabricants (la plus
grande) payent en argent à leur caisse. D'autres paient
leurs ouvriers partie en marchandises. Quant aux sous-
entrepreneurs (nommés dans notre métier maîtres d'usine, recoupeurs) ils paient de toutes façons.

La plupart ont magasin et cabaret.

Assez bien de fabricants (*sic*) de notre ville tiennent des
magasins de denrées coloniales, tabacs, liqueurs, étoffes,
etc. . Pour avoir du travail chez eux les ouvriers sont
forcés de se fournir à leurs boutiques. On va jusqu'à

leur faire accepter des costumes complets. Lorsque les
affaires sont calmes ils doivent bien passer par où l'on
veut. Ce mal est plus grand qu'on ne pense. En effet, les
fabricants de cette catégorie payant en tout ou en partie
leurs sous-entrepreneurs en marchandises ceux-ci se
trouvent obligés d'en faire de même pour leurs ouvriers.
Ils revendent donc ces marchandises chargées déjà d'un
bénéfice ; ils ne peuvent le faire avec perte. L'ouvrier est
de la sorte seul exploité. Il reçoit en paiement des objets
dont le prix s'augmente de deux bénéfices successifs.
Qu'en résulte-t-il pour lui ?

Le fabricant marchand bénéficiant, grâce à ce mode de
paiement, sur le prix coûtant des armes ou pièces
d'armes qu'il achète, est à même d'offrir ces armes
achevées à un prix moins élevé que ses concurrents qui
payent argent comptant ; ceux-ci pour être à même de
soutenir la concurrence sont obligés de diminuer proportionnellement le prix argent qu'ils payent à l'ouvrier.
C'est donc sur le dos de ce dernier que tout retombe ».

L'enquête nous révèle encore qu'à Zele, village de
12000 âmes, dont la principale industrie est la fabrication des toiles à sacs, à voiles, etc..., l'ouvrier est
rarement payé en argent et presque toujours en marchandises (1).

(1) Enq. Belge, v. III, p. 122 et s.

MM. Percy, président et Van Mieghem, greffier du
Conseil des prud'hommes de Saint-Nicolas, déposent
« qu'un grand nombre de patrons paient en marchandises presque toujours de mauvaise qualité. On appelle
cela *banmolens*. » M. Jean Nobels dit que « ces *banmolens* sont une véritable lèpre. L'ouvrier doit payer 6,
8 et 10 centimes de plus par pain et ce pain détestable. » (1).

Le Conseil des prud'hommes de Renaix désire une
disposition légale interdisant aux patrons de forcer les
ouvriers de s'approvisionner dans tel ou tel magasin tenu
soit par un contre-maître, soit par un parent ou un
ami, *au moyen de cachets d'une valeur déterminée
ou de toute autre façon.*

Les quelques citations que nous avons empruntées
à l'enquête belge prouvent assez combien était usitée en
Belgique la pratique du truck-system et de quels abus
elle était la cause. Cependant en Belgique, au contraire
de ce qui se passait en Angleterre, les patrons réprou-
vent le truck. S'il y a des abus, ce sont plutôt les marchandeurs ou chefs de traits, les contremaîtres ou po-
rions qui les commettent et presque toujours à l'insu
des patrons. En tout cas dès que ces pratiques ont été
connues d'eux, ils ont presque toujours pris à tâche d'y

(1) Id. V. III. p. 124.

mettre fin par des ordres formels, mais sans y réussir
toujours.

Quelques opinions sur le truck-system empruntées à
l'enquête belge nous édifieront sur le rôle du patron
belge contre les abus

Le directeur du charbonnage de Bonne-Foi Hareng
déclare :

« On a dit que le receveur du charbonnage tenait boutique ; mais il a donné sa démission et actuellement on
ne tolère plus cela. »

M. Gadin, de la société de Saint-Léonard. « Aucun
des employés chez nous ne peut tenir boutique. »

M. Harry Peters, à Anvers, déclare tout net que le
paiement en nature est une escroquerie.

L'enquête belge a été l'écho d'un concert unanime de
protestations contre le paiement en nature dénaturée par
le truck-system. Les abus de toute nature signalés par
elle ont conduit le gouvernement à organiser toute une
législation répressive que nous étudierons plus loin.

En France, le truck-system n'a pris aucune racine
dans les mœurs industrielles. En 1890 une enquête fut
ordonnée par le Ministre du Commerce et de l'Industrie
auprès des organes officiels de l'industrie (chambres de
commerce, chambres consultative des arts et manufactures, conseils de prud'hommes). Un rapport fut pré-

senté au nom de la commission permanente du travail, par M. Lyon-Caen pour coordonner les résultats de cette consultation. Il en résulte que le truck-system est à peu près ignoré en France. « La plupart des corps consultés, dit M. Lyon-Caen, nient l'existence d'abus dans leurs circonscriptions ; quelques-uns vont même jusqu'à déclarer qu'en raison de l'absence d'abus connus d'eux, ils sont incompétents pour exprimer un avis. » (1)

Cependant M. Lyon-Caen signale quelques faits isolés dignes d'attirer l'attention.

« Dans ces dernières années les journaux ont signalé un industriel de Montmartre qui payait chaque jour des acomptes à ses ouvriers, au moyen de jetons de 1 franc, 0,50 centimes, 0,10 centimes, 0,05 centimes qui n'avaient cours que chez des négociants ayant accepté de faire 10 0/0 de remise au patron. »

M. Jules Cabouat dans ses remarquables articles sur « la réglementation législative des salaires », publiés dans la « Revue Critique, » affirme que « dans quelques-uns de nos ports, le Hâvre, Dunkerque et Rouen, un usage assez répandu est de ne payer les ouvriers qu'en bons ou jetons acceptés seulement dans certains débits ou cabarets gérés par un représentant du patron. »

(1) Rapport au ministère du Commerce et de l'Industrie, sur un projet de loi concernant les ouvriers et employés, au nom de la Commission permanente du travail.

Dans une circonstance particulièrement importante, signalée par M. Lyon-Caen dans son rapport précité, nous trouvons une preuve de la pratique du paiement en bons jetons. Voici les faits. « Le sieur V..., occupe un assez grand nombre d'ouvriers sur les quais de Rouen. Il les payait à raison de 0,50 centimes l'heure, un premier acompte leur était d'ordinaire versé vers midi, au moment de l'interruption du travail pour les repas, et le complément du salaire était réglé à la fin de la journée. Le paiement de l'acompte fait à midi était de 1 fr. dont 85 centimes en numéraires et 15 centimes représentés par un jeton métallique donnant droit à l'ouvrier de prendre une consommation dans un débit que V. .. faisait lui-même exploiter par un gérant. Le 28 février 1889, le sieur Longuet avait été employé par V...; quand on voulut lui remettre un jeton, il le refusa en déclarant exiger un paiement en numéraire. Le préposé de V. . . et celui-ci même repoussèrent cette prétention. De là est né le procès. V...., alléguait l'usage établi. La sentence du juge de paix a donné gain de cause à Longuet. en déclarant que l'usage ne peut prévaloir contre le droit pour l'ouvrier de se faire payer en numéraire (1),

Il est intéressant de reproduire les passages essentiels

(1) Lyon Caen. — Rapport précité.

de la sentence qui dénotent que le juge de paix a vu merveilleusement la pensée de spéculation à laquelle avait obéi l'entrepreneur :

« Attendu que l'une des conditions essentielles prescrites par l'article 1108 du Code civil, pour la validité d'une convention, manque absolument dans l'espèce fournie au tribunal ; — que si le contestant a pu, parfois consentir précédemment a être réglé partiellement en jetons, ce consentement, en raison même de l'infériorité de situation de l'ouvrier et de son état de dépendance vis-à-vis de son patron, n'a pu être librement donné par lui ; — Attendu qu'en supposant même l'existence de la convention invoquée par l'entrepreneur-débitant, le tribunal aurait encore à se demander si cette convention est licite ou bien si elle n'est pas contraire à la morale publique ; — Attendu, en effet, que l'entrepreneur dont s'agit, en créant les jetons métalliques qu'il contraignait ses ouvriers à accepter en paiement, n'a eu d'autre but sous des apparences philanthropiques, que de montrer à ses ouvriers le chemin de son débit ; de les inciter à employer en liquides, non seulement la valeur des jetons métalliques remis en paiement, mais encore la plus grande partie de leurs salaires..... etc. »

On peut citer en France encore quelques faits de la pratique du truck-system.

Le 22 novembre 1895 une grève a éclaté à Halluin à la suite des réclamations des ouvriers qui demandaient le paiement en espèces au lieu de recevoir une partie de leur salaire en bons de pains. (1).

A la compagnie d'Orléans les employés sont payés en jetons. De même à la Compagnie du Midi. Ces jetons donnent lieu à tout un commerce entre les ouvriers et les usuriers qui a pour résultat de priver l'ouvrier d'une partie de son salaire à la suite de ce fait que l'ouvrier pour avoir plus vite de l'argent revend ses jetons à vil prix.

Dans « l'Economiste Français », une lettre de M. Cosseron de Villenoisy nous renseigne sur toute une catégorie d'ouvriers qui sont payés en jetons, ce sont les ouvriers employés à de grands travaux publics ou à la construction de routes ou de voies ferrées. Le fait de payer en jetons donne aussi lieu à des abus en ce sens que ces ouvriers généralement employés loin de tout centre habité, sont sous la dépendance absolue du patron. (2)

L'enquête faite par le Conseil Supérieur du travail nous fait connaître une délibération du Conseil municipal du Hâvre réclamant une loi du Parlement pour empêcher

(1) M. Lambert. Op. cit, p. 27.
(2) Economiste Français 1891. Tome I, p. 491-493.

les abus qui résultent de l'usage de payer les ouvriers en
jetons. A ce propos, M. Ricard témoigne : « Dans certaines villes et notamment à Rouen, cet abus du paiement en jetons, à l'aide desquels l'ouvrier peut se procurer des consommations qui ne lui profitent en aucune
façon, a été très souvent signalé. » (1)

Des faits semblables ont été signalés dans les colonies
françaises. Ainsi dans l'interpellation de plusieurs députés à propos de la récente grève de la Martinique dont
la répression a amené l'effusion du sang à la suite d'une
collision entre les grévistes et les troupes, M. Fournière
s'exprimait ainsi à la Chambre des députés dans la séance
du 26 mars 1900 :

    « . . . . . En outre pour réduire encore le salaire déjà
réduit nominalement, puis réduit réellement par le
change, réduit encore par les augmentations d'impôts
dont M. Gerville-Réache nous a dit un mot, que faisait-
on ? L'usinier était en même temps fournisseur de ses
ouvriers. On payait les ouvriers en *gaydons* ; j'ai sur
moi des échantillons de cette monnaie patronale : l'un re-
présente 0,05 cent., l'autre 0,15 cent. Voilà les acomptes que l'on donnait il y a quelques semaines encore
aux malheureux ouvriers ; c'est par pièces de 5 et de 15
centimes que l'on payait ces malheureux !... En effet

(1) Conseil Supérieur du travail, 1re session, p. 28.

voici ce que j'ai vu et de très près. Dans un pays d'usines,
— je puis en parler d'autant mieux que l'économat de
l'établissement dont il est question était géré par mes parents — l'usine donnait aux ouvriers des jetons représentant la valeur d'un pain de 6 kilog. soit 1,80 ou 1,50. Ces
jetons de cuivre qui avaient dans le pays une valeur courante échangeable contre un pain, savez-vous où ils
allaient s'échouer ? chez les débitants du pays, et j'ai vu
pour ce jeton, qui représentait 1,50 ou 1,80 de pain,
donner un litre d'eau-de-vie de 75 cent. à 1 fr. Voilà à
quel ignoble trafic conduit ce *truck system* que nous
voyons fonctionner aux Antilles, comme il fonctionne,
hélas ! encore en France, puisque malgré l'avis du Conseil Supérieur du travail, le Parlement n'a pas encore
trouvé le temps de voter une loi qui supprime cette double exploitation de travailleur. »

Ces faits nous prouvent que si le truck-system est
usité en France, son usage n'est cependant pas très répandu. Les exemples que nous avons cité prouvent bien
que le mal existe, que certains ouvriers en souffrent, que
certains patrons en profitent. Mais cette pratique n'a cer-
tainement pas été employée avec la même intensité qu'en
Belgique et Angleterre. Dans notre pays de libre discussion, où la liberté de la presse a atteint son apogée, où se
pratique librement le droit de pétition, si de graves abus

9

s'étaient commis, les journaux s'en seraient emparés, la tribune parlementaire aurait retenti des protestations virulentes de nos députés ou sénateurs. Or, dans les compte-rendus des Chambres on ne trouve en dehors des discours concernant les propositions de lois sur la question elle-même, que de rares discussions concernant le paiement des salaires en nature. Les promoteurs d'une législation nouvelle sur ce mode de rémunération du travail n'ont apporté eux-mêmes que peu d'exemples de son usage en France, et, notamment, nous pouvons affirmer que M. Maxime Lecomte, l'auteur du premier projet de loi sur la question, ne s'est ému de cette situation et n'a saisi le législateur qu'à la suite de faits à lui révélés qui se sont passés dans le département du Nord, plus spécialement dans l'arrondissement de Maubeuge, c'est-à-dire à la frontière même de la Belgique, dans une contrée où les conditions économiques et les pratiques ouvrières sont les mêmes que dans l'Etat limitrophe où le truck-system a régné en maître (1).

Cependant nos représentants, en proposant l'interdiction de la pratique du truck-system, font œuvre d'excellents législateurs et prévoyants, en enrayant dès le début un mal qui pourrait apporter le plus grand trouble dans la situation économique de notre pays. Certes, les docu-

(1) Documents communiqués par M. Maxime Lecomte.

cuments publiés en France et où pourraient être signalés
de semblables abus s'ils étaient nombreux sont muets
sur le truck-system et notamment les statistiques récemment publiées par « l'Office du Travail » sur les salaires
dans le département de la Seine. Cependant l'exemple de ce qui se passe à l'étranger doit nous être un précieux enseignement et nous invite à nous prémunir contre le danger d'une plus grande extension de telles exactions.

En somme, l'Angleterre et la Belgique ont été le théâtre d'abus dus au truck-system très caractérisés. De tous
les pays étrangers ce sont les seuls que nous étudions au
point de vue de la pratique du truck-system. Eux seuls,
en effet, nous offrent les exemples les plus fameux et
bien que le truck system ait été interdit dans presque
tous les pays étrangers, dans aucun il n'est apparu avec
la même intensité qu'en Angleterre et en Belgique.

ÉCONOMATS

A. — Généralités

L'Economat est un magasin patronal où l'ouvrier
trouve toutes les choses nécessaires à son existence, par
exemple à son alimentation et à son habillement.

Ces magasins sont institués par les patrons dans un but philantrhopique. Ils constituent une application de la sollicitude que met le patron à améliorer le sort de ses ouvriers et à apporter un remède à leurs souffrances. En effet, leur but est d'éviter aux travailleurs le supplément de dépenses qui leur est imposé par la nécessité de s'adresser à des intermédiaires pour l'achat des choses nécessaires à la vie. Le principe de l'économat est de vendre au prix de revient. L'ouvrier bénéficie de la différence entre le prix d'achat et le prix de vente commercial qui constitue le bénéfice des marchands.

L'économat vend aux ouvriers à crédit. Il se paye par une retenue effectuée au moment de la paye sur le salaire de l'ouvrier. L'économat se paye aussi au moyen de bons ou jetons délivrés en paiement par le patron à l'ouvrier et qui ne sont acceptés que dans le magasin patronal. Nous avons établi déjà que la vente à crédit et le paiement en bons ou jetons étaient des modes indirects du paiement des salaires en nature et l'étude des économats reste donc bien dans les limites de notre sujet. L'économat est, en somme, le cadre dans lequel apparaissent ces deux procédés de paiement en nature, la vente à crédit et les bons ou jetons, que nous avons indiqués comme convenant le mieux aux mœurs industrielles actuelles. Il est la forme contemporaine du paiement en nature.

L'économat est en principe une institution philanthropique. Son but est de protéger l'ouvrier. Mais son moyen
est le paiement en nature, ne l'oublions pas et nous savons combien ce procédé de paiement, lorsqu'il est
faussé, devient pour l'ouvrier la source de lourdes exactions. La question est donc de savoir si le paiement en
nature par l'entremise de l'économat constitue une bonne
institution et s'il ne donne pas lieu aux abus qui sont
communs au paiement en nature des ouvriers industriels.
Nous aurons à envisager l'économat à deux points de
vue : 1° S'il est une bonne institution lorsqu'il est pratiqué dans le but de venir en aide à l'ouvrier et si même
dans ce cas le paiement en nature par la vente à crédit
n'offre pas de réels dangers ? 2° S'il ne peut pas devenir
un moyen de spéculation pour le patron à l'égard de
l'ouvrier et alors être la cause d'abus intolérables ?

Il existe nombre d'économats honnêtes. L'intention
dans laquelle ils sont fondés et le but qu'ils poursuivent
sont éminemment philanthropiques. On cite généralement comme un modèle d'économat celui des chemins
de l'Ouest, qui ne fait aucun bénéfice et dont les prix de
revient ne sont majorés pour frais généraux que de
8 0/0. Il fournit 6.500 agents sur 36.000 que compte
la Compagnie et ne vend qu'à concurrence du tiers du
traitement. La vente annuelle dépasse 1.500.000 francs.

L'économat de la Compagnie du Nord a une clientèle
de 16.700 agents.

La Compagnie de Blanzy a fondé un magasin de denrées alimentaires où les ouvriers trouvent ce dont ils ont
besoin à des prix d'un bon marché exceptionnel. La
Compagnie a perdu sur son économat près de 65.000 fr.
par an. Elle a construit, pour répondre aux demandes
des ouvriers, un moulin à vapeur et établi une boulan-
gerie. La notice de cette compagnie évalue en chiffres
ronds à 200.000 francs le bénéfice annuel que réalisent
les ouvriers sur les prix habituels du commerce.

B. — Avantages et Inconvénients

Considérons les économats honnêtes. Il résulte de
leur observation que leurs inconvénients ne sont pas com-
pensés par leurs avantages. En effet, ce mode de paiement a pour avantage principal de vendre à l'ouvrier des
fournitures de bonne qualité et à meilleur marché que
dans les magasins de détail. C'est là un avantage commun aux économats et aux sociétés coopératives. Mais
celles-ci ont plusieurs supériorités. Elles sont gérées par
les ouvriers eux-mêmes, ce qui, tout en étant un ali-

ment à leur activité est aussi un gage qu'ils ne seront point lésés. De plus, la société coopérative de consommation ne vend pas à crédit, ce qui, nous allons le voir, est un des grands inconvénients de l'économat.

Ainsi, par l'économat, l'ouvrier bénéficie de réductions assez grandes sur le prix des denrées et est certain, tout autant que l'économat est géré honnêtement, qu'elles sont de bonne qualité.

En outre, par leur fonctionnement, les économats permettent à la famille de vivre, quelque soit l'imprévoyance de son chef. La partie du salaire nécessaire à l'existence est en quelque sorte immobilisée et soustraite à la dissipation de l'ouvrier. Les fournitures sont, en effet, ou vendues à crédit ou délivrées contre de bons ou jetons dont on donne chaque jour à l'ouvrier un certain nombre qu'il vient échanger à l'économat.

Mais à côté combien d'inconvénients !

L'ouvrier a semble-t-il le droit d'aller ou de ne pas aller à l'économat. Au contraire des patrons qui pratiquent le truck-system, il n'est pas contraint de s'adresser à la boutique de l'usine. Mais c'est là une liberté nominale. Le patron qui installe un économat veut qu'il soit fréquenté. Les ouvriers qui n'y vont pas font preuve d'indépendance, il est vrai, mais se font remarquer. Dès lors, involontairement peut-être, le patron et surtout ses

subordonnés seront amenés à une plus grande surveillance de cet ouvrier, seront plus sévères à son égard.
Au fond il est bien vrai de dire que l'économat jouit d'un
monopole de fait envers les ouvriers et que la liberté
qu'ils ont d'aller ailleurs n'est qu'illusoire.

L'économat a aussi comme inconvénient d'admettre
pour son fonctionnement la vente à crédit. L'ouvrier qui
n'a pas à payer comptant achète non seulement ce qui
lui est nécessaire, mais aussi du superflu. Le crédit facilite les achats exagérés. Il pousse à la consommation.
C'est son inconvénient psychologique de développer
l'imprévoyance de l'ouvrier. Et la vente à crédit est d'autant plus grave qu'elle est combinée avec le paiement des
fournitures au moyen des retenues. L'ouvrier dépense à
l'économat la plus grande partie de son gain sans s'en
douter, grâce au crédit qui lui est fait par le patron. Mais
il est alors tout dépité lorsqu'au moment de la paye, il ne
reçoit qu'une minime somme d'argent. La retenue pour
le paiement absorbe la presque totalité de son salaire.
L'ouvrier s'en prend alors à l'institution qui a favorisé
de sa part des achats exagérés et n'a pas su protéger son
salaire. C'est ainsi qu'une des principales causes de la
grève de Decazeville de 1886 a été que souvent les ouvriers ne touchaient que 8 ou 10 francs par paye. (1)

(1) Maurice Lambert, loc. cit. p. 66.

L'ouvrier est alors conduit aux pires pratiques du truck s'il veut avoir de l'argent. Il ira à l'économat acheter un objet quelconque dont le prix lui est imputé sur la paye suivante, et il le revendra avec une très grosse perte. L'économat entraînera ainsi une diminution de salaire. M. Lamendin, dans une séance du Conseil Supérieur du Travail, cite plusieurs exemples de cette pratique : « Il y a des exploitations où l'on ne donne que des bons et quand on en a remis un certain nombre à l'ouvrier, s'il les a épuisés et qu'il lui reste deux ou trois jours avant d'en toucher d'autres, on ne lui donne pas d'argent... Si l'ouvrier veut d'autres objets que ceux de l'économat, cela le conduit à contracter des dettes. Nous avons été témoins de faits révoltants ; nous avons vu des ouvriers, afin de se procurer du tabac vendre 0 fr. 30 ou 0 fr. 40 un pain qu'ils avaient payé à l'Economat 0 fr. 80 à 0 fr. 90. » (1)

En Allemagne, il existe des établissements où certains ouvriers ne touchent rien, d'autres trois pfennings (4 centimes) d'autres cinq pfenings, chaque jour de paye. (2)

Certains patrons ont été frappés de ces graves inconvénients et y ont appliqué un remède. Ils ont fixé un maximum aux achats. La compagnie d'Orléans a li-

---

(1) Conseil Supérieur du Travail (1ʳᵉ session), p. 83.
(2) Bellom. Bulletin de législation comparée, 1891, p. 3C0.

mité le montant des livraisons au **2**₁5 du traitement, et
la compagnie de l'Ouest au 4₁3.

L'économat a pour cause encore de lier l'ouvrier
à l'usine. La vente à crédit et le paiement par retenue le rattachent presque indissolublement à l'usine.
S'il abandonne le patron, son compte à l'Economat
sera immédiatement supprimé. Il n'aura plus de crédit. Il en trouvera difficilement chez les autres commerçants ou même il n'en trouvera pas. Il ne tou-
chera que très peu d'argent sur sa paye, car elle sera
retenue pour les sommes dont il est débiteur. On ne lui
remettra que la somme insignifiante qui constituera le
reliquat de son salaire. Il sera donc matériellement impossible à l'ouvrier qui quitte sa famille de vivre jusqu'à une
prochaine paie. L'indépendance de l'ouvrier se trouve
atteinte. En définitive l'ouvrier est en quelque sorte
obligé de fréquenter l'économat, par une sorte de contrainte qui n'est pas voulue par le patron, mais qui n'en
est pas moins inéluctable.

Tout est bien certes quand le patron n'a pas le but
de léser l'ouvrier. Mais s'il veut spéculer sur le mode de
paiement du salaire pour frustrer le travailleur sans que
celui-ci s'en aperçoive, l'économat est un moyen merveilleux. Sous son allure philanthropique peuvent s'abri-
ter les plus basses pratiques du truck-system. Beaucoup

de patrons se sont ainsi laissés tenter à réaliser d'injustes bénéfices au moyen des économats. C'est à ces écono- mats que M. Doumer faisait allusion lorsque dans son dis- cours à la Chambre des députés, lors de la discussion du projet de loi sur les Sociétés Coopératives, il disait : « Il y a beaucoup d'industriels dans l'Est qui se font 30.000 à 40.000 francs de rentes en vendant du mauvais lard à leurs ouvriers ; entre autres une aciérie dont l'économat fait de 40.000 à 45.000 francs de bénéfices par an. » Donc et c'est là à notre avis le plus grand inconvénient des Economats, lorsqu'ils sont dirigés par un patron peu scrupuleux, ils peuvent devenir un moyen d'exploiter les ouvriers en usant des deux procédés puissants de la vente à crédit et des retenues.

C. — Réglementation Législative des Économats

Tous ces abus rendaient les économats suspects aux ouvriers. Même les économats administrés le plus phi- lanthropiquement tombèrent sous le coup de cette suspi- cion. Leur suppression fut réclamée par les ouvriers. A leurs réclamations vinrent se joindre celles des commer- çants eux-mêmes, lésés par la concurrence insoutenable des économats.

Les économats furent obligés de fermer leurs portes ou bien de faire payer les marchandises au prix du commerce.

La première solution contentait tout le monde, ouvriers et commerçants. Mais la vente au prix de revient du commerce souleva de nombreuses difficultés. Que deviendrait le bénéfice réalisé par l'Economat ? On ne pouvait admettre qu'il irait grossir le gain du patron. C'eut été la reconnaissance par les ouvriers du truck-system. Le bénéfice devait revenir aux ouvriers, soit par la création d'œuvres de bienfaisance, soit par le partage entre les ouvriers au prorata de leurs dépenses. Mais les ouvriers réclamèrent alors le droit de vérifier les livres et d'examiner le chiffre exact des bénéfices. (1)

C'est en se faisant l'écho de ces réclamations que M. Maxime Lecomte dans son projet de loi du 20 janvier 1890 avait essayé de remédier aux inconvénients des Economats par une réglementation très minutieuse : art. 7. « Les patrons peuvent également fournir à leurs ouvriers à charge d'imputation sur les salaires, les denrées alimentaires, l'habillement et le chauffage, à la condition que ces fournitures seront faites au prix de revient, ou que les bénéfices seront intégralement répartis, chaque année, entre les ouvriers, proportionnellement au compte

(1) « La Frontière », journal politique de l'arrondissement d'Avesnes, n° du 28 juillet 1889.

de chacun d'eux à l'économat. » — Art. 8 : « Les conditions énoncées dans l'article précédent seront vérifiées
par une délégation nommée chaque année par les ouvriers parmi eux et composée de trois membres. Si deux
délégués le demandent, les comptes et bilan de l'économat seront chaque année publiés dans un journal de
l'arrondissement. » (1)

A vrai dire cette réglementation législative des économats tend à réaliser cette idée juste en elle-même que les
patrons doivent, en cette matière, écarter toute idée de
bénéfice et renoncer à tirer aucun profit de l'exploitation
de leur établissement ; son objet est d'assurer l'observation rigoureuse de cette règle de conduite.

Mais cette proposition n'a pas été acceptée. Son rejet
a été inspiré par ces sages constatations que la vente au
prix de revient aurait soulevé de la part du commerce de
nombreuses protestations et que d'autre part l'institution d'une commission de surveillance empièterait sur
l'indépendance absolue que doit conserver le patron pour
la fixation des conditions qu'il lui plait de mettre à sa
bienfaisance. De plus la proposition de M. Maxime Lecomte méconnait cette circonstance que les économats
sont avant tout la chose du patron et que les ouvriers
n'ont pas plus qualité pour s'immiscer dans leur adminis-

(1) Chambre. Doc. Parlem. 1890, p. 119.

tration et agir sur leur direction que le patron lui-même pour intervenir dans la gestion des sociétés coopératives organisées par la libre initiative des ouvriers.

Mais les inconvénients des Economats n'en subsistaient pas moins et les réclamations des ouvriers demandaient satisfaction. Les gouvernements se préoccupèrent de mettre fin à cet état de choses qui portait un aussi grave préjudice aux classes laborieuses.

Trois systèmes, en somme, leur sont appliqués dans les différents pays : Un premier groupe de pays leur laisse la liberté complète ; un second groupe n'autorise leur fonctionnement qu'en les réglementant étroitement ; un troisième supprime le paiement par compensation.

Le 1er groupe comprend tous les pays qui n'ont pas encore de loi sur le paiement des salaires. Parmi ceux-ci, citons les Pays-Bas, l'Italie, l'Espagne, la Suisse, la Norvège, etc. Cependant, nous devrions faire une restriction quant à certains cantons suisses. Une loi d'Argovie du 16 mai 1862 interdit la vente de denrées aux ouvriers sans une autorisation de l'autorité cantonale. Dans le canton d'Unterwald, une loi du 24 avril 1887 interdit la vente de denrées aux ouvriers dans les entreprises de travaux publics.

Le 2e groupe est le plus important. Il comprend l'Allemagne, l'Autriche, la Russie et la Belgique. Les écono-

ÉCONOMATS 143

mats y fonctionnent tels que nous les avons décrits et
leur rouage fondamental est la vente à crédit. Mais ils
sont soumis à une réglementation minutieuse, à tout un
système de précautions destiné à réprimer les abus.
Constatons que toutes ces lois réglementaires complètent
le système répressif du truck-system que nous étudierons
plus loin.

L'Allemagne est le pays qui le premier réglementa les
Economats. En 1869, la première loi sur l'industrie
n'autorisait que la vente au comptant. En 1878, la loi
du 17 juillet déclara permise la vente à crédit des aliments, avec cette restriction qu'elle devait être faite au
prix d'achat. Cependant les autres vêtements ou fournitures autres que les aliments ne peuvent être vendus
qu'au comptant. C'est du moins ce qu'il semble résulter
de l'article 45 de cette loi. « Les patrons ne doivent pas
vendre à leurs ouvriers de marchandises à crédit ».

En Autriche, la réglementation est à peu près semblable. Elle est contenue dans l'article 78 de la loi industrielle de 1885 : « La fourniture d'aliments dont le prix est
prélevé sur le salaire peut faire l'objet d'une convention
entre l'industriel et l'ouvrier, à condition que le prix ne
soit pas supérieur au prix d'achat. Les industriels n'ont
pas le droit de fournir à crédit aux ouvriers, en prélevant le prix sur le salaire, d'autres objets et marchandises et notamment des boissons spiritueuses ».

En Russie, les prescriptions sont excessivement sévères à cause des graves abus constatés. Le règlement sur les fabriques édicte les conditions imposées en fonctionnement de l'économat. L'ouverture d'un économat n'est permise qu'avec l'autorisation de l'inspecteur ; la liste des objets pouvant être vendus est approuvée par l'inspecteur et le prix en est affiché dans le magasin. (art. 28 in fine du règlement sur les fabriques). A ces prescriptions légales la pratique paraît en avoir ajouté d'autres. Tout au moins c'est ce qui résulte du Rapport sur les conditions du travail en Russie cité par M. Lambert.

« Les prix doivent être approuvés par l'inspecteur et sont affichés chaque mois. Si le fabricant ne fait pas approuver les prix mensuels des marchandises sa boutique est fermée pour toujours ; les prix ne doivent pas dépasser les prix du marché ». Les résultats de cette réglementation rigoureuse ont été excellents. « On est parvenu à fournir les produits meilleur marché qu'en ville. Quelques-une de ces boutiques font maintenant des affaires considérables. Dans celle qui est annexée à la manufacture de Bogorodski-Gloukow, où il y a plus de 9.000 ouvriers la vente a été de 1.440.000 roubles en 1889 ; dans la fabrique Struve elle a été de 600.000 roubles ; dans le Ramenskoe de 406, 825 roubles ». La raison du grand développement des économats en Russie n'est pas seulement dans l'habileté de leur réglementation. Les économats sont fort utiles dans ce pays où le commerce est arriéré et où les sociétés coopératives n'existent pour ainsi dire pas. Cependant la loi cherche à favoriser la constitution des sociétés coopératives en les dispensant de toute autorisation préalable.

En Belgique, la vente dans les Economats a été soumise à de multiples prescriptions : 1° Il faut une autorisation de la députation permanente qui prend l'avis du Conseil local de l'industrie et du travail ; 2° Les fournitures doivent être faites au prix de revient ; 3° La fréquentation de l'Economat doit être libre ; 4° L'autorisation est révocable pour cause d'abus (art. 3 et 6 de la loi du 16 août 1887). En présence de ces garanties, le législateur belge permet la vente à crédit non seulement des denrées, mais aussi des vêtements.

Le 3e groupe comprend l'Angleterre, la Hongrie et la France. Dans ces pays, les économats sont permis et s'administrent librement. Mais, le paiement par compensation est interdit et la vente a lieu au comptant.

La loi anglaise du 15 octobre 1831 est la plus dure de toutes. « Le patron ne peut déduire des gages dus à un ouvrier le prix des denrées qui lui auraient été livrées dans un magasin appartenant à lui patron ou à quelque personne dépendant de lui, et de telles livraisons, si el-

10

les ont en lieu, ne donnent au patron ou à son agent aucune action contre l'ouvrier » (art. 5). Ainsi de la loi anglaise, il résulte que les retenues sont prohibées et que
de plus on refuse au patron toute action en paiement.
Cette sévérité s'explique d'ailleurs dans un pays où l'on
faisait au truck-system une guerre acharnée. L'interdiction de la vente à crédit rend bien moins dangereuse
pour l'ouvrier les exactions du patron.

La loi hongroi e du 27 mai 1884 sur l'industrie contient des prescriptions analogues : « Le fabricant n'a pas
le droit de fournir à crédit aux ouvriers des marchandises
ou des boissons spiritueuses ; (art. 118), le paiement des
fournitures faites à crédit à l'ouvrier ne peut être pour-
suivi par le chef de la fabrique ni par les voies judiciai-
res, ni par prélèvement sur le salaire » (art. 119) (1) (2).

La loi française interdit le paiement par compensation dans l'article 4 de la loi du 27 décembre 1895 sur
la saisie-arrêt des salaires ainsi conçu : « aucune compensation ne s'opère au profit du patron entre les salaires
dus par eux à leurs ouvriers et les sommes qui leur seraient dues à eux-mêmes pour fournitures ». La compensation n'est permise que jusqu'à concurrence du dixième
du salaire.

(1) *Annuaire de Législation étrangère*, 1885, p. 358.
(2) M. Lambert, loc. cit. p. 72-73 ; F. Cabouat, loc. cit., passim ; Brice : *Les Institutions Patronales*, passim ; Dellom : *Annuaire de Législation Etrangère*, passim.

Cette loi interdit, en somme, le mode de paiement des salaires en nature que nous avons appelée la vente à crédit avec retenue opérant compensation. Donc, les économats sont privés de leur rouage essentiel. Le patron, du moment qu'il joue le rôle de commerçant est assimilé aux autres commerçants. Il n'a vis-à-vis des ouvriers ni plus ni moins de droits qu'eux. Libre à lui s'il veut faire crédit à ses ouvriers. Mais c'est à ses risques et périls. Il n'a plus la situation privilégiée qui lui assurait dans tous les cas le paiement de ses avances. Le salaire n'est plus entre ses mains un gage qui lui appartient exclusivement. S'il veut se faire payer de ses ouvriers, il les poursuivra en justice et viendra en concurrence avec tous les autres créanciers sur le montant des salaires.

Ainsi, la loi française, remarquons-le, ne supprime pas les économats. Les patrons philanthropes peuvent continuer à maintenir auprès de leurs usines des magasins de crédit à l'usage des ouvriers. Mais les abus auxquels donnait lieu la certitude pour le patron d'être remboursé de ses avances sont supprimés. Le patron désormais s'il fait crédit n'agira ainsi que par pure philanthropie. Mais il peut aussi dans le même but exiger le paiement comptant à l'économat. « Nous envisageons, dit M. Jules Simon à ce propos, cette conséquence sans aucun effroi ; nous croyons le procédé du comptant préférable

au crédit; nous pensons que l'habitude de payer ses
dépenses en même temps qu'on les fait est d'ordre moral, et à tous les points de vue il est du plus grand intérêt pour les ouvriers qu'il en soit ainsi. Nous ne regret-
tons donc pas qu'il se trouve placé en face de cette obligation » (1).

Donc, l'interdiction du paiement par compensation
supprime ou à peu près la vente à crédit dans les Économats. Or, remarquons-le, c'est là une forme du paiement en nature qui disparaît. Les économats sont en
eux-mêmes une excellente institution destinée à rendre
les plus grands services aux ouvriers. L'emploi du paiement en nature les avait rendu détestables et en avait fait
la source de nombreux abus. Avec la disparition de ce
moyen facile de spéculation pour le patron, les économats recouvrent leur beauté première d'institution philanthropique. On ne peut donc qu'applaudir à la prescription de la loi française qui a su, sans toucher à l'institution abolir la véritable cause de tous les abus. Le paiement en nature partout où il est employé dans la grande
industrie donne lieu au plus honteux abus parce qu'il les
permet et jusqu'à un certain point les favorise.

Cette étude rapide sur les économats, ou plus exactement sur le mode de paiement des salaires en nature em-

(1) *Conseil Supérieur du Travail*, 1re session, p. 81-82.

ployé dans les économats nous permet de constater une fois de plus les abus auxquels conduit le paiement en nature. Pour un seul mode du paiement en nature, la vente à crédit opérant compensation, nous concluons avec la loi française à la nécessité d'une interdiction, de même que plus loin, d'une façon générale, nous concluerons à la nécessité de l'interdiction du paiement en nature dans l'industrie, dans tous ses modes et sous toutes ses formes.

CHAPITRE II

De·l'interdiction du paiement des salaires en nature.

L'étude des applications du paiement des salaires en nature a permis de constater à quels abus, à quelles exactions conduisait ce mode de rétribution du travail et aussi quelle arme puissante de spéculation il était entre les

mains de patrons peu soucieux des intérêts de leurs ouvriers. Aussi dans tous les pays a-t-il justement préoc-
cuppé l'opinion publique. Les représentants du peuple
et les gouvernements se sont souciés de porter remède à
cet état de choses. Dans presque tous les pays de l'Europe civilisée, à l'exception de l'Italie et de l'Espagne qui
n'ont pas encore de lois concernant la règlementation des
salaires, le paiement des salaires en nature a été rigou-
reusement interdit. Seule la France n'a pas encore interdit le paiement en nature. Mais cette question est chez
nous à l'ordre du jour. Elle a déjà fait l'objet de plusieurs
projets de lois.

Nous étudierons donc dans cette quatrième partie les
législations étrangères, puis l'état de la question en
France, enfin nous porterons notre attention sur l'efficacité des mesures employées et proposées pour interdire
le paiement en nature.

§ 1. — Législations Étrangères

Angleterre. — C'est en Angleterre que le truck-system a pris naissance, c'est dans ce pays qu'il a causé le
plus grand nombre d'abus et pris le plus grand développement. C'est aussi dans ce pays qu'il a été l'objet des
mesures répressives les plus rigoureuses et les plus com
plètes.

Les premières mesures de répression datent du règne
d'Edouard IV. A partir de cette époque un grand nombre
de lois sont faites pour interdire le paiement des salaires
en nature. Toutes ces lois jusqu'à celle de 1831 présentent ce caractère particulier qui se rencontre fréquem-
ment dans la législation anglaise de ne s'appliquer chacune qu'à une industrie déterminée.

La première loi remonte à 1464. Elle est relative à
l'industrie drapière. Les patrons imposaient à leurs
ouvriers l'obligation d'accepter en paiement de leurs
salaires des épingles, ceintures et « autres enprofitables
marchandises. » Cette loi interdit pour l'industrie dra-

pière le paiement du salaire en nature et condamne le patron à payer le triple du salaire en argent en cas d'infraction.

Un siècle plus tard la reine Elisabeth étend l'interdiction en ce qui concerne l'industrie textile par la loi de 1565. Elle augmente les pénalités : tout patron contrevenant perdra ses franchises et privilèges et ne pourra plus exercer le métier.

En 1572, une loi de la reine Elisabeth introduit une modification de détail dans la présente.

En 1701, la reine Anne interdit le paiement du salaire en nature, non seulement dans l'industrie drapière, mais dans les manufactures de futaine, de coton, de toile et de fer. Le contrevenant paiera en argent le double du salaire dû à l'ouvrier. La même loi inflige une amende à l'ouvrier dont le travail laisse à désirer.

La loi d'Anne en 1710 renouvelle la même interdiction.

En 1711, une autre loi d'Anne étend l'interdiction aux fabricants de corde et à toutes les branches de l'industrie lainière. La loi inflige aux délinquants une amende de 20 schellings.

Trois ans après il faut de nouveau sévir et une loi de Georges Ier, en 1714, porte l'amende à 40 schellings.

En 1725, intervient une autre loi de Georges Ier plus

étendue et plus sévère. Elle défend le paiement de tout
ou partie du salaire en marchandises par voie de truck, (le
mot est dans la loi pour la première fois) et interdit de
faire une retenue sur le salaire en paiement de marchandises fournies aux fabricants de drap, de serge et d'étoffe
commune. Tout plaignant peut s'adresser au juge de
paix qui pourra ordonner le paiement du salaire en
argent et au besoin faire vendre les biens du délinquant
en vue de ce paiement. Celui-ci en cas d'insolvabilité est
condamné à la prison pour six mois. Le délinquant est
en outre condamné à 10 livres sterling d'amende, une
moitié pour le dénonciateur, l'autre pour la personne
lésée.

En 1726, l'année suivante, une autre loi de Georges Ier
limite à trois mois le délai pour les poursuites.

En 1740, Georges II étend le champ d'action de la loi.
Il est prescrit aux fabricants de gants, culottes, bottes,
souliers, pantoufles, etc, de payer les salaires en monnaie
courante et non en victuailles, marchandises.

En 1749, Georges II étend encore la loi de Georges Ier
à la teinturerie, au foulage, à la chapellerie, ainsi qu'à
toutes les industries où l'on met en œuvre la soie, le
chanvre, le lin, le coton, les peaux, ainsi qu'aux fabriques de mohair, aux tanneries et aux fabriques de fer.

En 1756, nouvelle loi de Georges II. Plusieurs des

actions intentées en application de la loi de 1725 avaient
été renvoyées par une ordonnance dite de *Certiorari*
devant l'une des hautes cours de Westminster, et elles
avaient été suspendues, les plaignants ne pouvant plus
supporter les frais de l'instance. La loi de 1756 porte
que les actions déférées aux « Justices » en dehors de
leurs sessions ordinaires ne pourront être renvoyées devant une autre cour par une ordonnance de *Certiorari*
ou par tout autre moyen de procédure.

Cette loi n'admet pas non plus le paiement aux ouvriers en chèques ou en billets de banque.

En 1757, Georges II oblige les fabricants de drap à
payer leurs tisserands en argent et deux jours au plus
après la réception du travail fait, sous peine d'une amende de 40 schellings.

En 1779, une loi de Georges III étend l'interdiction
au paiement en dentelles.

En 1817, Georges III étend l'application de la loi à la
grande industrie métallurgique : fabriques d'acier, ou de
fer et d'acier combinés, fabriques d'objets en tôle, cou-
tellerie, etc...

La même année, l'industrie charbonnière rentre dans
la sphère d'application de la loi.

Ainsi, dans toutes ces lois, la règle est que le paiement
en espèces est seul libératoire. Sa sanction est à la fois ci-

vile ou pénale, soit que le patron soit contraint à ne fournir qu'un seul paiement, soit qu'il lui soit infligé une
amende d'importance variable ou l'exclusion de la profession. Mais il n'est pas démontré que toutes ces mesures aient été bien efficaces. Toutes ces lois successives,
toutes ces réitérations montrent de quelle vitalité étaient
ces abus que la crainte de peines rigoureuses ne parve-
nait pas à déraciner.

En 1831, le législateur sentit le besoin de coordonner
toutes ces mesures disparates et de les fondre en un
système unique. Ce but fut atteint par la grande loi de
Guillaume IV de 1831.

Cette loi édicte que le paiement devra être fait en
monnaie courante. Le paiement fait en marchandises est
illégal (art. 3).

L'unité de monnaie des salaires sera le shelling
(art. 1).

Le patron qui aura payé l'ouvrier en marchandises
sera considéré comme n'ayant rien payé du tout. Il devra
encore le salaire tout entier (art. 4).

Si l'ouvrier payé en marchandises intente une action à
son patron en paiement du salaire, le patron n'a point
le droit de réclamer à son ouvrier le prix des marchandises fournies à titre de rémunération du travail. Dans le
cas où le patron a directement ou indirectement une bou-

tique dans laquelle il oblige l'ouvrier à aller s'approvisionner, la loi considère comme nulle, en tant que paiement du salaire, la fourniture à l'ouvrier des marchandises venant de cette boutique et le patron n'a pas le droit d'intenter à son ouvrier une action en paiement des marchandises qu'il a achetées à cette boutique (art. 5).

Les amendes contre les délinquants sont de : 250 fr. pour la première contravention, 500 francs pour la récidive, 2.500 francs pour la deuxième récidive. Le juge peut en donner une partie au dénonciateur (art. 9).

Malgré sa sévérité, la loi de 1831 n'eut pas grande efficacité. Le truck continua en Angleterre avec la même intensité, à tel point que le 19 avril 1842, la Chambre des communes nomma une commission d'enquête sur l'exécution de la loi et les défectuosités et les lacunes qu'elle pouvait renfermer.

En 1852, le Parlement nomme une seconde commission spéciale chargée d'examiner deux bills: l'un concernant le paiement des salaires en général ; l'autre relatif au paiement des salaires dans l'industrie de la bonneterie où le paiement en nature se compliquait de fournitures de matières premières faites à des ouvriers travaillant à domicile.

Ces deux enquêtes permirent de constater que le truck system sévissait avec la même rigueur et la conclusion de l'enquête de 1805 fut que le truck n'avait pas diminué de 5 0/0.

La loi de 1831 ne fut cependant pas modifiée. Toutefois on trouve dans une loi générale, relative à l'industrie minière, qui date de 1860 la disposition suivante : « Le salaire de toute personne employée dans une usine de charbon ou une mine de fer lui sera payé en argent, soit à elle-même, soit à une personne dûment autorisée par elle, par son supérieur immédiat, dans un bureau spécialement affecté à cette destination.

En 1870, une nouvelle commission d'enquête fut nommée. Elle conclut à dire que le truck-system existe, malgré la législation répressive, dans un grand nombre d'industries anglaises.

A la suite de cette enquête fut promulguée, en 1874, une loi sur le paiement des salaires dans l'industrie de la la bonneterie tendant à réprimer ces abus.

Enfin, une nouvelle loi fut votée le 16 septembre 1887. Destinée à compléter les dispositions de la loi de 1831, elle a chargé les inspecteurs des manufactures et des mines, conformément aux conclusions de la commission d'enquête d'assurer dans leurs districts respectifs les deux lois de 1831 et 1887. Cette loi intitulée, « *truck amendement act. 1887* », fait corps avec la loi de 1831. Elle précise quelques-unes de ses dispositions jugées

obscures ou insuffisantes. Elle maintient sans aggravation, et cela contrairement aux conclusions de la commission de 1870, la quotité des amendes portée par l'art.
9 de la loi principale.

Enfin, malgré que les inspecteurs s'acquittent avec
soin de leurs fonctions et que les abus aient diminué une
nouvelle loi a été votée récemment.

Cette loi a été promulguée le 14 août 1896. Elle fait
corps avec les lois de 1831 et de 1887 et constitue avec
elles une loi unique qui porte le nom de *truck acts 1831
to 1896*. Voici le résumé de ses dispositions :

Les chefs d'industrie ne peuvent faire de convention
avec leurs ouvriers, en vue d'une retenue à opérer sur le
salaire pour amende, pour malfaçon ou détérioration de
matières premières ou d'autres objets, ou pour usage et
fourniture de matières, outils, machines, lumière, chauffage, que si :

a) Les termes de la convention sont contenus dans
un avis constamment affiché dans un ou plusieurs en-
droits accessibles aux ouvriers et dans une position telle
qu'il puisse être facilement aperçu, lu et copié par les
intéressés, ou si la convention a été faite par écrit et si-
gnée par l'ouvrier.

b) La convention spécifie les actes ou omissions pour

lesquels ces retenues peuvent être imposées ainsi que leur montant et les bases d'après lesquelles elles doivent être déterminées.

c) Ces retenues se rapportent à un acte ou une omission qui cause ou est de nature à causer au chef d'industrie un dommage, une perte, une interruption ou un préjudice à ses affaires.

d) Le montant de la retenue est juste et raisonnable, eu égard à toutes les circonstances du cas.

e) Un écrit indiquant la cause de la retenue ou du paiement ainsi que son montant est remis à l'ouvrier à chaque retenue ou paiement. (1)

Ainsi, l'Angleterre a édicté un grand nombre de lois pour interdire le paiement des salaires en nature. C'est ce principe qui triomphe dans la loi anglaise et qui aboutit à une interdiction pure et simple de payer autrement qu'en argent.

États-Unis. — De la législation anglaise on peut rapprocher la législation des États-Unis. Aux États-Unis, comme en Europe, à la suite du grand développement industriel de ce pays, les salaires étaient aussi payés en

_____

(1) Bulletin de l'Office du Travail, mars 1897, p. 199.

nature et les abus auxquels ils donnent lieu habituellement
se sont produits avec la même intensité. Ce n'est cependant qu'à partir de 1880 qu'on s'en est ému, et depuis
lors de nombreux Etats ont pris des mesures pour interdire le paiement en nature. Ont adopté des lois sur le
truck : le Maryland (1880), la Caroline du Sud (1882),
le New-Jersey (1886), l'Ohio (1886), la Virginie (1887),
Washington (1887), le Hansas (1887), l'Etat de New-
York (1889), la Caroline du Nord (1889), la Pensylva-
nie (1891), le Missouri (1891), l'Indiana (1891), l'Illi-
nois (1891).

Allemagne. — Une première loi du 17 juillet 1878
édictait des mesures contre le truck-system. Cette loi a
été complétée par la loi industrielle du 1er juin 1891.

Voici ses dispositions principales: article 115, « les salaires doivent être calculés et payés en monnaie d'Empire ». C'est la suppression pure et simple du paiement
des salaires en nature. L'obligation résultant pour les
industriels de cette prescription est d'ordre public ; en
effet, dit l'article 117, « toute convention contraire aux
principes de l'article 115 est nulle, de même tout engagement pris par l'ouvrier de s'approvisionner dans des
magasins déterminés ou d'affecter une fraction de son salaire à tout autre objet qu'à des institutions de prévoyance ».

Nombreuses sont les sanctions édictées pour faire respecter la prohibition du paiement des salaires en nature. Elles sont à la fois civiles et pénales. Sanctions civiles d'abord : 1° L'ouvrier irrégulièrement payé est fondé à réclamer un second paiement, sans qu'aucune exception, tirée de ce qui lui a été donné à titre de paiement, puisse lui être opposée. Toutefois, l'ouvrier est déclaré comptable de son enrichissement, mais le patron est sans droit sur cette valeur que le législateur attribue, par une disposition expresse, à la caisse de secours dont fait partie l'ouvrier, et s'il n'en existe pas à toute autre institution de prévoyance (art. 116) ; 2° Les créances à raison de marchandises, qui ont été livrées contrairement à l'article 115, ne peuvent ni faire l'objet d'une action en justice de la part du créancier, ni être recouvrées par voie d'imputation ou de toute autre manière, et cela sans distinguer si elles sont le résultat d'une opération directe entre les intéressés ou d'une acquisition indirecte ; par contre ces créances sont attribuées à la caisse désignée à l'article 116 (art. 118). Sanctions pénales en outre : Tout industriel qui contrevient à l'article 115 sera puni d'une amende de 2.000 marks au plus et en cas d'insolvabilité, d'un emprisonnement de 6 mois au plus (art. 146, § I).

Enfin, cette série de dispositions est complétée par les

article 119 a et 119 b, de façon à empêcher toute interposition de personnes et pour faire rentrer dans la catégorie des personnes protégées le plus grand nombre
d'ouvriers possible. Aux maîtres doivent être assimilés
les membres de leur famille, leurs cousins, mandataires,
préposés, surveillants et représentants, ainsi que les autres industries, dans les affaires desquelles lesdites personnes sont intéressées directement ou indirectement
(art. 11 a). Sont comprises sous la dénomination d'ouvriers les personnes qui exécutent pour certains chefs
d'industrie hors de leurs ateliers les travaux industriels
et cela même si elles fournissent elles-mêmes les matières
premières et auxiliaires (art. 119 b).

Tel est l'ensemble des mesures prises par la législation
allemande. La conséquence est une interdiction formelle
du paiement en nature. Cependant la législation allemande contient une disposition originale et qui la diffé-
rencie de la législation anglaise de laquelle elle se rapproche beaucoup. Elle attribue à une caisse de secours ou
de prévoyance les sommes réclamées par les ouvriers irrégulièrement payés à titre de second paiement. Il est
juste que le patron, à titre de pénalité, paie deux fois
le salaire qu'il doit à son ouvrier qu'il a payé une première fois en marchandises. Il ne serait pas juste que
l'ouvrier profite indûment des marchandises qui lui ont

été fournies à titre de paiement. L'attribution à une caisse de secours constitue une solution très judicieusement déterminée.

Hongrie, Autriche, Suisse. — Bien que la pratique du truck-system n'y fut pas très répandue, les Etats de l'Europe centrale, qui ont rédigé une loi générale sur l'industrie, n'ont pas manqué d'y insérer des dispositions prohibant le paiement des salaires en nature.

La loi hongroise du 21 mai 1884 interdit le paiement des salaires en nature (art. 118). Cette loi ressemble à la loi allemande en beaucoup de points. Comme elle, elle déclare cette obligation d'ordre public et annule les conventions relatives à l'achat de fournitures dans des magasins déterminés (art. 120). Comme elle encore, elle refuse au patron toute action en paiement et interdit tout paiement par imputation sur le salaire (art. 119). La sanction pénale qui garantit l'observation de ces prescriptions est une amende de 20 à 200 florins (art. 157).

La loi autrichienne industrielle du 8 mars 1885 consacre à l'interdiction du paiement des salaires en nature de nombreuses disposition eontenues dans les articles 78, 78 a, b, c, d, e. D'ailleurs, ces prescriptions sont absolument identiques aux dispositions analogues de la loi allemande.

En Suisse, l'article 10 de la loi fédérale du 23 mars
1877 déclare que les fabricants sont tenus de régler leurs
ouvriers au comptant en monnaie ayant cours légal, ce
qui équivaut à l'interdiction pure et simple du paiement
des salaires en nature. Une sanction pénale très rigoureuse est attachée à l'observation de cette prescription.
L'article 19 édicte comme sanction une amende de 5 à
500 francs et, en cas de récidive, qu'il est loisible aux
tribunaux de prononcer, indépendamment de l'amende,
un emprisonnement qui peut s'élever jusqu'à trois mois.

Cependant, ces mesures n'ont pas paru suffisantes à
certains cantons qui ont modifié la loi fédérale par des
mesures plus sévères.

Ainsi, le canton de Neufchâtel réprime très sévèrement
dans son Code pénal le truck-system : « Sera condamné
pour fait d'usure à l'amende jusqu'à 2.000 francs, à laquelle, en cas de récidive, pourra s'ajouter l'emprisonnement jusqu'à 3 mois, le patron ou le fabricant convaincu
d'avoir dans un but de lucre, payé ses ouvriers autrement qu'en monnaie légale ayant cours, notamment en
marchandises. »

Le canton d'Unterwald, à la suite de grands travaux
publics qui amenèrent un grand nombre d'ouvriers
sur lesquels les entrepreneurs se livrèrent aux spéculations que facilite le paiement en nature, promulgua la loi

du 24 avril 1887. Cette loi, destinée à protéger les ouvriers, édicte que : « Tous paiements doivent être faits en argent comptant. L'émission de bons et autres papiers qui ne peuvent être échangés que contre des marchandises et ne peuvent être convertis à toute minute en argent comptant est interdite. Les surveillants et les entrepreneurs à forfait dans les entreprises publiques ne peuvent se faire marchands des objets nécessaires aux ouvriers, sans une permission du Conseil du Gouvernement ; cette interdiction s'étend aussi aux membres de leur famille ». Cette dernière disposition s'explique par la nécessité où l'on se trouvait, dans un pays aussi montagneux et éloigné de tout centre, de permettre aux ouvriers de trouver des provisions à proximité du lieu de leur travail. L'autorisation du Gouvernement était tout ce que l'on pouvait exiger comme mesure de précaution.

Russie. — La Russie est un des pays où le truck-system a été le plus usité. Il y a causé de très nombreux abus. Le Code pénal avait interdit le paiement en nature (art. 1359). Une loi du 3 juin 1886 vint renouveler cette interdiction et règlementer sévèrement le paiement des salaires. Cette loi paraît avoir eu pour effet de diminuer considérablement les abus.

Belgique. — La Belgique est avec l'Angleterre, nous

l'avons vu, un des pays où le truck-system a été le plus répandu et a donné lieu au plus grand nombre d'abus.

La répression du truck en Belgique a fait l'objet de nombreuses lois prohibitives qui remontent au XII⁰ siècle.

En 1280, un ban rendu au nom du comte de Flandre et des échevins d'Ypres, article 9, stipule que tous les quinze jours les drapiers doivent payer les tondeurs intégralement, et ceux-ci leurs valets, sans que l'on puisse donner ni recevoir en paiement des vivres ou menues denrées, sous peine de 60 sols d'amende dans les deux cas.

A partir du XVIII⁰ siècle, le Gouvernement central intervient sévèrement pour prohiber le paiement des salaires en nature.

Le 12 janvier 1742, à la demande des Etats de Limbourg, une ordonnance de Marie Thérèse prohibe formellement ce salaire. Cette ordonnance concerne exclusivement les cloutiers et les fabricant de drap de cette province. Elle fut renouvelée et amplifiée par un règlement de l'Impératrice-reine du 18 février 1757.

A la même époque sont promulguées une série d'ordonnances des princes évêques de Liège.

En 1739, un édit de Georges Louis défend purement et simplement de payer le salaire en nature.

En 1745, un édit de Jean Théodore, renouvelle l'interdiction de 1739, défend de faire des contrats entre
patrons et ouvriers stipulant le paiement en marchandises, règlemente la périodicité des jours de paie et enfin
prescrit les poursuites d'office.

Comme malgré ces défenses le patron pouvait ne donner du travail qu'à ceux qui fréquentaient son magasin,
un autre édit de 1746 du même prince-évêque défend
aux patrons de tenir des boutiques et les oblige à opter
dans un certain délai entre leur profession d'industriel
et celle de commerçant.

En 1750, Jean Théodore, pour faciliter la répression
des abus, promet l'immunité aux fabricants coupables
qui en auront dénoncé d'autres.

Les patrons ne tiennent plus boutiques personnelle-
ment. Il les font tenir par des hommes de paille. L'édit
de 1759, du même prince-évêque, frappe les personnes
interposées : hommes de paille, contremaîtres et employés des mêmes peines que les patrons. Il punit même
les ouvrier victimes des abus et qui ne les auront pas dénoncé. Les officiers de police qui, ayant eu connais-
sance d'une contravention, ne l'auront point immédiatement dénoncée, seront punis comme s'ils étaient de
complicité avec les coupables.

Il nous faut arriver jusqu'en 1887 pour trouver une
nouvelle loi sur le paiement en nature.

A la suite d'une enquête faite par la Commission du Travail instituée par arrêté royal du 15 avril 1886, dont les conclusions ont démontré les abus considérables auxquels donnaient lieu le truck-system, une loi fut votée par le parlement belge le 16 août 1887 qui interdit formellement le paiement en nature des salaires.

Voici les principales dispositions de cette loi : Le paiement des salaires doit être effectué en monnaie métallique ou fiduciaire ayant cours légal, sous peine de nullité de tout autre paiement. (Art.)

Sont interdites entre le patron ou ses intermédiaires et l'ouvrier toutes conventions de nature à lui enlever la faculté de disposer librement de son salaire. (Art. 6)

Pour éviter toute interposition de personnes tendant à paralyser l'application de cette dernière disposition et aussi protéger l'ouvrier contre les exigences directes des « directeurs, contre-maîtres, patrons, employés, chefs d'entreprise ou sous-traitants », ceux-ci sont assimilés aux patrons en ce qui concerne la défense édictée par l'art. 6 précité et sont déclarées aussi personnes interposées la femme ou les enfants de l'ouvrier, la femme, les enfants des patrons et contre-maîtres. (art. 9)

Une amende de 50 à 20.000 fr. sera prononcée contre le patron ou ses subordonnés, à la charge desquels serait relevée une violation quelconque de ces dispositions légales. (Art. 10)

Ces dispositions sont comme on le voit à peu près analogues à celles des lois anglaises ou allemandes.

Luxembourg, Pays-Bas. — Le Luxembourg, voisin
de la Belgique, voit les mêmes abus se produire. Comme
en Belgique les ouvriers mineurs étaient exploités par des
sous-entrepreneurs. Une loi du mois d'août 1895 a mis
fin à ces pratiques en ordonnant le paiement en argent.

Aux Pays-Bas, la question du paiement des salaires en
nature n'a pas été encore solutionnée. Mais à la suite de
l'enquête et des conclusions de la Commission Royale du
Travail qui a déposé son rapport en 1894, une loi sera
bientôt votée. D'ailleurs antérieurement deux projets de
lois, le premier déposé en 1886 par M. Domela Nieu-
wenhuis, le chef du parti socialiste, le second déposé en
1889 par le Gouvernement puis retiré, n'a pas abouti.

Italie. — L'Italie ne possède pas non plus de législa-
lation règlementant le paiement des salaires. Un projet a
été déposé par M. Lacava mais n'a pas encore abouti.

§ II. — **Etat de la législation en France**

———

Ainsi, comme nous venons de le voir, presque tous les pays de l'Europe civilisée possèdent une règlementation législative du paiement des salaires. La France est parmi tous ces Etats un des rares qui ne possède pas un système complet de protection du salaire. Notamment en ce qui concerne la question qui fait l'objet de la présente étude, la France en est encore à la période des projets de lois. Il y a dix ans qu'un cri d'alarme a été poussé à la Chambre des Députés par M. Maxime Lecomte demandant l'interdiction du paiement des salaires en nature. Depuis la question est à l'étude.

Le 20 janvier 1890, M. Maxime Lecomte, alors député, déposait le projet de loi suivant, précédé du magistral exposé des motifs que nous avons reprodvit tout au long dans notre introduction :

Art. 1er. — Le paiement des salaires ne peut être fait

aux ouvriers qu'en monnaie ayant cours. Tout paiement fait autrement est nul.

Art. 2. — Le paiement des salaires ne peut être fait aux ouvriers dans des débits de boissons ou dans des magasins de vente au détail ou dans des locaux y attenant.

Art. 3. — Les patrons ne peuvent imputer sur les salaires le prix des marchandises qu'ils auraient livrées aux ouvriers sauf dans les cas prévus par les articles suivants.

Art. 4. — Les patrons peuvent donner à bail à leurs ouvriers des maisons, appartements ou logements.

Art. 5. — Des avances en argent peuvent être faites par les patrons à l'ouvrier, mais il ne peut être retenu pour cet objet qu'un cinquième du salaire. Le prix d'un terrain à bâtir ou autre vendu par les patrons à l'ouvrier est considéré comme avance faite sur le salaire.

Art. 6. — Les patrons peuvent fournir aux ouvriers à charge d'imputation sur les salaires :

1° le logement ;

2° les outils nécessaires au travail ;

3° les matières ou matériaux dont les ouvriers ont la charge d'après l'usage ou aux termes de leur engagement.

Art. 7. — Les patrons peuvent également fournir à leurs ouvriers, à charge d'imputation sur les salaires, les denrées alimentaires, l'habillement et le chauffage, à la condition que ces fournitures seront faites au prix de revient, ou que les bénéfices seront intégralement répartis chaque année entre les ouvriers proportionnellement au compte de chacun d'eux à l'économat.

Art. 8. — Les conditions énoncées dans l'art. précédent seront vérifiées par une délégation nommée chaque année par les ouvriers parmi eux et composée de trois membres. Si deux délégués le demandent, les comptes et le bilan de l'économat seront chaque année publiés dans un journal de l'arrondissement.

Art. 9. — Les interdictions faites aux patrons par la présente loi s'appliquent également à leurs enfants, femme, directeurs, contre-maîtres, employés et sous-traitants.

Art. 10. — Est présumée faite à l'ouvrier lui-même, toute fourniture livrée à sa femme ou à ses enfants vivant avec lui.

Art. 11. — Les patrons ou autres personnes visées dans l'art. 9 qui auront contrevenu aux interdictions portées par les articles précédents seront passibles d'une amende de 16 francs à 1,000 francs qui en cas de récidive sera de 50 à 3,000 francs.

Art. 12. — Toute action pénale à raison de l'article précédent est prescrite par un an à dater du jour où l'infraction aura été commise.

Art. 13. — N'est pas recevable l'action des patrons et
autres personnes visées dans l'art. 9 pour fournitures
faites aux ouvriers en contravention aux dispositions précédentes.

Art. 14. — La présente loi ne s'applique qu'aux ouvriers employés dans l'industrie et ne concerne pas les
ateliers où les ouvriers sont en nombre inférieur à quinze
et sont logés et nourris chez leurs patrons.

Ce projet de loi interdit absolument le paiement direct
en nature. (Art. 1er) Cependant il permet la vente à crédit à charge d'imputation sur le salaire, sans condition
pour le logement, les outils et les matières et matériaux,
avec la condition de vendre au prix de revient ou de ré-
partir les bénéfices pour les denrées alimentaires, l'habillement et et le chauffage. Cette exception au principe,
comme nous l'avons vu, n'est faite que pour permettre
le fonctionnement des économats. Comme la loi belge,
l'art. 9 du projet de loi interdit l'interposition de personnes et déclare personnes interposées les enfants,
femme, directeurs, contre-maîtres, employés, et sous-
traitants du patron et aussi la femme et les enfants de
de l'ouvrier. La sanction pénale consiste dans une amende
de 16 à 1,000 francs et en cas de récidive de 50 à 3,000
francs.

Ce projet de loi est le premier monument législatif

concernant en France le paiement des salaires en nature (1). Il en édicte l'interdicton. A la même époque
se réunissait la commission extraparlementaire des salaires composée de MM. Nicolas, Bouquet, Challamel et
Lyon-Caen, des présidents et des vice-présidents du Conseil des prud'hommes de la Seine. Son rapporteur, M.
Lyon Caen, proposa un projet concernant les salaires
des ouvriers et employés et la garantie de leurs droits
dans les caisses de serours, de prévoyance et de retraite.
Il demande formellement le paiement en monnaie métallique ou fiduciaire ayant cours légal à peine de nullité.

L'opinion publique était définitivement saisie de la
nécessité d'examiner une solution propre à empêcher les
abus du paiement des salaires en nature. Le Conseil supérieur du Travail, dans sa première session du mois de
février 1891, s'occupa aussi de la question du paiement
en nature et se prononça en faveur de son interdiction.
Voici le passage le plus caractéristique du rapport de M.
Martelin sur la question : « Une coutume plus fâcheuse
et plus grave dans ses conséquences existe malheureusement dans certains milieux industriels et sur quelques

(1) Nous ne parlerons que pour mémoire d'une ordonnance du
prévost Hanges! de Paris du mois d'octobre 1292 défendant le paiement en nature aux foulons. (Depping : *Réglements sur les Arts
et Métiers de Paris*, p. 100).

chantiers d'entreprises. Nous voulons parler de la retenue que le patron impose à l'ouvrier soit en le payant
en bons ou jetons de consommation, soit en le contraignant à acheter tout ce dont il peut avoir besoin
dans un économat dépendant de l'usine ou chez des fournisseurs désignés et déterminés par lui. L'ensemble de
ces abus plus fréquents en Angleterre qu'ailleurs est désigné sous le nom de truck-system. Ce n'est autre chose
que la réduction des salaires par des moyens déguisés à
l'aide desquels le patron cherche à reprendre d'une
main ce qu'il a remis de l'autre. Votre commission a été
unanime à se prononcer pour l'interdiction absolue de ce
mode de paiement en numéraire ou espèces ayant cours
légal. Cette obligation sera sanctionnée par la nullité du
paiement contre le patron qui obéit à ces calculs ».

Le 16 juin 1891, M. Jules Roche déposait sur la tribune de la Chambre des députés un projet de loi sur le
paiement des salaires. L'exposé des motifs nous indique
le but de cette loi et aussi l'intention du législateur à l'é-
gard du paiement en nature :

« La Chambre des députés est actuellement saisie de
plusieurs propositions de lois concernant la réglementa-
tation des salaires ; celle de Maxime Lecomte ayant trait
au mode de paiement et aux économats, etc... Ce projet
réglemente trois points principaux : paiement, insaisissa-

bilité et incessibilité des salaires — privilèges garantis-
sant le salaires en cas de déconfiture du patron non commerçant — enfin simplification de la procédure de saisie-
arrêt...

« Une réglementation plus délicate serait nécessaire
pour interdire le paiement des salaires en bons de consommations échangeables seulement chez les commerçants avec lesquels le patron a conclu un arrangement
ou dans un économat dépendant de l'établissement industriel lui-même. Cette manière de procéder est une
sorte de reprise exercée de ce chef par le patron sur le
salaire de l'ouvrier et nous estimons qu'il est temps de
faire disparaître cet abus, moins fréquent d'ailleurs
chez nous que dans certains pays étrangers, et nous
vous proposons de décider que le paiement devra être
fait en espèces ayant cours ».

Le projet de loi de M. Jules Roche portait dans son article 1er l'interdiction du paiement en nature. « Les salaires des ouvriers, gens de service ou employés doivent
être payés en monnaie métallique ou fiduciaire ayant
cours légal, nonobstant convention contraire (art. 1).
Tout paiement fait en violation du paragraphe précédent sera nul (art. 2) ».

Ce projet de loi est devenu la loi du 12 janvier 1895
sur la saisie-arrêt des salaires. Mais dans le texte de cette
loi, les articles 1 et 2 ont disparu. Ces articles ont été

intercalés dans un projet de loi sur les règlements d'ateliers de M. Ferroul, modifié par la commission chargée
de l'examiner. L'article 7 de ce projet de loi est en effet
ainsi conçu :

« Les patrons sont tenus de régler leurs ouvriers au
moins toutes les quinzaines au comptant, en *monnaie
ayant cours légal* et dans la fabrique ou le chantier...
(art. 7) ».

La sanction pénale de cette interdiction est édictée
dans l'article 9 :

« Sans préjudice de la responsabilité civivile, toute
contravention aux prescriptions de la présente loi sera
portée devant le juge de paix jugeant en simple police et
sera passible d'une amende de 16 à 200 francs. En cas
de récidive l'amende sera portée au double. L'article
463 du Code pénal sera applicable (art. 9) ».

L'intention du législateur est manifeste dans la discussion de ce projet de loi. Dans la séance de la Chambre
des Députés du 4 novembre 1892, M. Saint-Romme,
rapporteur, s'exprime ainsi à propos de l'article 7 :

« Nous ajoutons ensuite que le paiement aura lieu au
comptant, en monnaie ayant cours, etc...

« Que résulte-t-il de cette rédaction ? C'est que, d'une
part, les paiement devront avoir lieu au moins une fois
par quinzaine et que d'autre part, si les paiements sont

12

faits par acomptes, c'est-à-dire par anticipation et sans attendre le délai imparti, ils devront l'être, comme tous les paiements qui auront lieu, en monnaie ayant cours légal et non pas en cachets sortant d'une officine quelconque où l'on envoie les ouvriers se nourrir et où souvent on les pousse à des dépenses qu'ils n'ont pas besoin de faire ».

Ce projet de loi de M. Ferroul sur les règlement d'ateliers modifié par la commission chargé de l'examiner a été voté par la Chambre des députés, le 5 novembre 1892.

Renvoyé au Sénat, ce projet de loi y eut pour rapporteur M. Maxime Lecomte, qui pendant ce temps était passé d'une Chambre à l'autre. Il fut complètement remanié et modifié. La plupart des dispositions relatives aux règlements d'ateliers disparurent. Le nom même de la loi fut changée. Elle fut baptisée : Loi réglementant le mode de paiement des salaires. L'article 1er de ce projet de loi est le même que l'article 1er du projet de M. Jules Roche. Il prononce l'interdiction formelle du paiement en nature. Cette proposition de loi a été votée le 24 avril 1894 par le Sénat. Depuis, elle gît dans les cartons de la commission du travail de la Chambre des députés, qui semble l'avoir complètement oubliée.

De l'étude de la genèse législative qui nous amènera

peut-être à la protection d'une loi formelle sur le paie-.
ment des salaires, il résulte cette considération que la disposition prescrivant l'obligation de payer les salaires en
monnaie ayant cours légal a été votée dans deux projets
différents et successivement par les deux Chambres de
telle manière qu'on peut dire qu'elle a force de loi. En
effet une première fois la Chambre votait le 5 novembre
1892, dans le projet de loi sur les règlements d'ateliers,
l'art. suivant : « Les patrons sont tenus de payer leurs
ouvriers en monnaie ayant cours légal. » Le Sénat votait
ensuite le 24 avril 1894, dans le projet de loi sur le paie-
mont des salaires, un article ainsi conçu : « Les salaires
des ouvriers, gens de service et employés, doivent être
payés en monnaie métallique ou fiduciaire ayant cours
légal. » Ainsi l'accord des deux Parlements sur la nécessité du principe de l'interdiction du paiement en nature
existe. Une simple question de forme empêche que cette
disposition successivement votée ne soit une loi bienfai-
trice pour notre pays.

§ III. — **Efficacité des mesures législatives interdisant
le paiement des salaires en nature.**

Les mesures prises ou proposées pour empêcher les
abus auxquels donnent lieu le paiement des salaires en
nature ont-elles leur plein effet et arrivent-elles à l'interdiction absolue du paiement en nature ? C'est là une question qu'il nous faut examiner. Quelquefois les lois les
plus sévères ne parviennent pas à abolir les abus
qu'elles ont pour but de réprimer parce qu'elles sont in-
complètes ou impuissantes. Leur éficacité est subordon-
née à certaines situations de fait, à certaines circonstances qu'une loi ne peut changer.

C'est ainsi que quoiqu'on fasse certains patrons qui
possèdent toute la terre aux alentours de leurs usines
pourront pratiquer le truck-system sans qu'une loi puisse
prétendre les en empêcher. D'abord ce patron pourra mo-
nopoliser les logements de ses ouvriers obligés de se loger
dans les environs immédiats de l'usine. Il pourra ainsi

leur faire payer leurs loyers beaucoup plus cher qu'ils ne valent et ainsi réaliser un profit illégitime sur leurs salaires. Il pourra aussi interdire l'installation de boutiques indépendantes et ne tolèrer que certaines boutiques à lui qui vendront les denrées aux ouvriers au prix qu'il lui plaira de fixer. Le patron placé dans une semblable situation peut réaliser en payant indirectement ses ouvriers en nature certains bénéfices qu'aucune disposition légale ne pourra interdire.

Il sera de même très difficile d'atteindre les personnes auxquelles le patron pourrait avoir recours pour masquer les opérations illicites auxquelles il aurait l'intention de se livrer. Il sera presque impossible de prouver qu'une semblable co'lusion existe entre le boutiquier et le patron. La commission anglaise le reconnaissait elle-même dans des termes qui méritent d'être reproduits : « Il est douteux que la présente loi puisse atteindre un locataire ou un tenancier qui exploite une boutique pour le compte d'un patron et qui partage le profit avec lui. C'est là une forme du truck qui échappe au contrôle et à la responsabilité qui mitigent ordinairement les abus du truck dans une boutique tenue par le patron lui-même. Ce sont là des abus auxquels nous nous sentons impuissants de proposer aucun remède. » (1) Mais au moins est-il possible d'atteindre ces abus dans une certaine mesure en les dé-

courageant par la menace d'une répression sévère au cas
où ils seraient connus ou bien en en écartant ceux qui
peut-être les auraient employés dans le silence de la loi.

Il est encore un moyen détourné que ne manquera pas
d'employer le patron et que la loi doit interdire, ce sont
les retenues opérées par le patron sur le salaire de l'ouvrier en paiement de fournitures par lui livrées à l'ouvrier.
Nous avons vu qu'il s'agissait là en réalité d'un véritable
paiement en nature. La seule prescription rendant obligatoire le paiement en monnaie ayant cours légal à l'exclusion de tout autre n'interdit pas cette opération que
le patron peut toujours prétendre être une vente. Il serait
inutile de protéger l'ouvrier contre le truck-system si on
devait laisser aux patrons d'autres moyens pour obtenir
indirectement le même résultat. Il faut que la loi pros-
crive tout expédient qui permette au patron de se dérober
à l'exécution loyale et intégrale de ses obligations. « Il
n'est pas nécessaire que le chef d'entreprise dispose
d'une grande variété de moyens pour reprendre indirectement une partie du salaire au paiement duquel il est
tenu. Un seul lui suffit ; aussi, pratiquement, n'use-t-il
jamais concurremment de tous les moyens dont il pourrait disposer. En fait il opte, suivant les circonstances
entre le truck-system et les retenues. C'est ainsi qu'en

(1) Enquête Belge, vol. III, p. 169.

Angleterre, il a été établi que dans les régions où le truck-system s'est implanté, le système des retenues est à peu près ignoré ; inversement, « où la boutique, où la pratique du sou pour livre sont inconnus, portent les conclusions de la commission anglaise de 1871, les retenues peuvent devenir la source d'un profit compensateur pour les patrons, et alors elles acquièrent une importance plus considérable. « On comprend par conséquent que ces deux genres d'abus peuvent difficilement exister en même temps dans les mêmes établissements. » (1)

Les patrons exercent ainsi pratiquement les retenues : « Lorsque des avances ont été faites sur un salaire non échu, la volonté probable des contractants a été que leur remboursement s'accomplit sur le montant du salaire au moment même de son exigibilité. A cette époque, patrons et ouvriers sont alors réciproquement créanciers et débiteurs l'un de l'autre, de dettes certaines, exigibles et le plus souvent liquides ; or, aux termes des art. 1290 et suiv. du C. C., le seul fait de la coexistence de deux dettes de ce genre entraîne leur extinction réciproque jusqu'à concurrence de la plus faible. C'est donc en vertu de la compensation qui a du régulièrement s'opérer, s'il ne résulte d'aucune circonstance de fait que les parties ont entendu l'écarter, que le patron est fondé

(1) J. Cabouat, op. cit. p. 377.

à diminuer le salaire de toute la somme nécessaire pour
le désintéresser. » (1)

La plupart des législations étrangères et la législation
française, nous l'avons vu, interdisent ou règlementent
sévèrement la compensation au profit des patrons entre
le montant des salaires dus par eux à leurs ouvriers et
les sommes qui leur seraient dues à eux-mêmes pour fournitures diverses.

Ainsi donc il est certains abus qu'une loi interdisant
le paiement des salaires en nature ne peut atteindre ou
réprimer complètement ; d'autre part il faut que le législateur apporte la plus grande vigilance dans ses actes et
ne néglige aucun moyen de répression pour ne pas laisser
trop facilement tourner la loi. Malgré cela, les abus ne
disparaîtront pas par le seul effet de l'existence d'une
loi. Il faut que les intéressés eux-mêmes en provoquent
l'application et luttent avec la plus grande énergie pour
faire respecter leurs droits. La plupart des lois interdisant le paiement en nature portent avec elles une sanction pénale. Mais il sera matériellement impossible à un
parquet, même assisté d'un service d'inspection très complet, d'arriver à poursuivre tous les délits de cette nature.
Il ne le pourra qu'aidé par les intéressés agissant soit col-
lectivement, soit individuellement.

(1) Jules Cabouat, op. cit., p 379.

La résistance individuelle aux exactions patronales en fait est peu répandue. Elle ne pourra guère se manifester que par la voie de la dénonciation anonyme au ministère public. L'ouvrier hésitera toujours à formuler une réclamation ouverte contre son patron. Trop souvent il y perdra son emploi Encore moins pourra-t-il agir civilement pour obtenir la nullité du paiement à lui fait en nature. Le danger est trop grand pour l'ouvrier à déclarer la guerre à son patron et la lutte est disproportionnée. La plupart du temps l'ouvrier se verra priver de son travail et il courra le risque de se faire mettre en interdit par la plupart des patrons de la profession :

« Si nous dénonçons, déposait un ouvrier anglais devant la commission anglaise de 1842, nous nous sacrifions nous-mêmes une fois pour toutes. Notre destinée est alors d'errer de fabrique en fabrique et de nous voir partout refuser du travail ; j'aurais pu faire prononcer plusieurs condamnations si je n'avais craint de me trouver sans emploi. » (1)

Cette crainte explique cette circonstance que souvent les lois répressives du truck-system son restées sans résultat. Nous n'en voulons prendre pour exemple que la législation anglaise dont les diverses dispositions successives et l'aggravation des pénalités montre bien les diffi-

(1) Citation empruntée à M. J, Cabouat, op. cit. p. 374.

cultés qu'elle a rencontré pour abolir les abus résultant du paiement en nature.

La résistance collective est plus efficace. Elle a pour avantage de permettre une plus grande activité et une plus grande décision en offrant pour la lutte un groupement nombreux et solidaire. La dénonciation ou l'action en justice émanant d'une collectivité a de fortes chances d'aboutir. Le patron est obligé de traiter d'égal à égal avec ceux qui individuellement seraient sacrifiés avec facilité. Ce que les ouvriers n'osent faire seuls, l'association le fait sans crainte dans l'intérêt général de la profession. Ce but sera facilement atteint par la multiplication des associations ouvrières autorisées à ester en justice pour la défense des intérêts collectifs de la profession.

En outre des ouvriers eux-mêmes, d'autres personnes sont intéressées à obtenir la suppression des abus auxquels conduit le paiement en nature ; ce sont les industriels et les commerçants.

Les industriels, qui ne tirent leurs bénéfices que de la seule vente de leurs produits et ne demandent aucun bénéfice accessoire au commerce de denrées avec leurs ouvriers, ont le plus grand intérêt à ce que leurs concurrents ne puissent livrer les objets qu'ils fabriquent à meilleurs marché qu'eux-mêmes, parce qu'ils opèrent des réductions abusives sur les salaires de leurs ouvriers.

Payer en nature, en l'espèce, équivaut à payer moins. Le fabricant qui diminue les frais de main d'œuvre peut abaisser ses prix et par suite augmenter sa vente. Mais celui qui paie les ouvriers exactement au prix qu'il a promis de les payer ne pourra suivre une pareille baisse sans grosses pertes. Celui-là a donc le plus grand intérêt à la suppression du paiement en nature.

De même, les commerçants qui vendent aux ouvriers se voient priver d'une très grande partie de leur clientèle possible par l'obligation imposée à l'ouvrier de se servir au magasin patronal ou à celui indiqué par le patron.

Ainsi, une loi interdisant le paiement des salaires en nature arrivera difficilement à combattre les maux qu'elle se propose d'atteindre. Elle trouvera dans son application des abus qu'elle ne pourra atteindre, elle devra être très complète, enfin elle n'agira pas par sa seule vertu. La loi n'a jamais été un bon moyen de persuasion morale, lorsqu'elle n'a pas été sanctionnée sévèrement. Une loi interdisant le paiement en nature devra, pour être appliquée, rencontrer parmi les intéressés l'aide le plus grand.

§ IV. — **Conséquences de l'interdiction du paiement des salaires en nature**

Nous avons vu que l'accord existe presque absolu dans les diverses législations sur le principe que le paiement des salaires ne doit être fait qu'en argent.

La conséquence immédiate de ce principe est que tout autre genre de paiement est prohibé. Or, nous avons vu et établi que tout paiement qui n'est pas en argent est un paiement en nature. Donc cette prescription revient à interdire le paiement en nature sous toutes ses formes.

La nature de cette prohibition ne laisse pas de doute. Tout paiement en nature est nul. Est nulle la convention entre le patron et l'ouvrier qui stipulerait le paiement en nature. Le patron n'a pas plus le droit de l'imposer que de l'accepter. Cette disposition qui puise sa justification dans des motifs d'ordre public interdit à l'ouvrier d'abandonner le bénéfice que la loi lui donne. Il doit se soumettre à la protection obligatoire de la loi. Son con-

sentement importe peu. Par suite, il ne peut renoncer à
cette protection.

Le paiement des salaires en nature est nul, nul de
plein droit. L'ouvrier qui a été payé en marchandises est
bien fondé à demander un second paiement en argent. Il
lui suffira pour cela d'invoquer la nullité du premier
paiement.

Cette conséquence indubitable de la nullité du paiement en nature et le droit certain pour l'ouvrier de demander un second paiement amènent à étudier la question de savoir, en cas de second paiement, qui du patron et de l'ouvrier est propriétaire du premier paiement
entaché de nullité. Si c'est l'ouvrier, celui-ci bénéficiera
d'un enrichissement que rien ne légitime. Il aura été
payé deux fois, alors qu'il n'avait droit qu'à un seul paiement. Le patron, dans ce cas, subira une perte, une
sanction pénale qni ne lui a pas été imposée par la loi.
Si c'est le patron, il semble que c'est à bon droit qu'il est
propriétaire du premier paiement. La règle « qui paie mal
paie deux fois » n'implique pas la perte nécessaire du
premier paiement. On a toujours le droit en principe
de répéter la somme mal payée. L'erreur ou la faute du
débiteur ne légitime pas l'enrichissement du créancier.

Avec M. J. Cabonat (1) nous pouvons aussi appuyer

(1) J. Cabouat, op. cit., p. 245.

le droit du patron sur ce principe général des obligations
conventionnelles contenu dans les articles 1241 et 1312
du Code civil « que l'incapable doit, au cas où il demande
un second paiement, faire déduction de l'enrichissement
qu'il a pu tirer du premier paiement entaché d'irrégula-
rité et en tenir compte au débiteur auquel incombe d'ailleurs la preuve de ce profit ». La qualité d'incapable de
l'ouvrier ne fait aucun doute. La loi le protège aussi bien
contre les entraînements de sa part à se laisser exploiter
que contre les exactions dont il peut être l'objet de la
part des autres. Il est très juridique de le comparer à un
mineur ou à un interdit. Par suite, le principe des articles 1241 et 1312 du Code civil doit trouver ici son
application. Ils conduisent d'ailleurs à cette conséquence
que le patron reste propriétaire du premier paiement.

Pratiquement, l'ouvrier qui réclame un second paiement l'obtiendra en subissant une déduction réelle égale
à la valeur des marchandises qui lui ont été fournies à
titre de salaire et dont il s'est enrichi. Dans ce cas, le
paiement en nature risquerait fort d'être toujours pratiqué, malgré l'interdiction légale. Le patron aurait tout
intérêt à l'employer. En cas de non réclamation de la
part de l'ouvrier, il réaliserait le bénéfice que procure
l'emploi malhonnête de ce mode de rémunération. En
cas de réclamation, il en serait quitte pour payer à l'ou-

vrier la valeur réelle de son salaire en argent, en bénéficiant de la partie déjà payée en nature. Il n'aurait qu'à
compléter en argent jusqu'à concurrence de la valeur
réelle du salaire. En somme, les principes du Code civil
conduisent à une validation indirecte du paiement en
nature malgré son interdiction.

Aussi une sanction s'impose-t elle. L'application des
règles fondamentales des obligations conventionnelles
amenant à cette conséquence que le salaire payé en nature reste la propriété du patron, mais opère sa libéra-
tion à l'égard de l'ouvrier comme s'il était en argent par
voie d'imputation, on en arrive à considérer un paiement fait en nature à un ouvrier comme valable et le ré-
munérant effectivement de son travail. Le principe même de la loi est tourné par son application. Défendre de
payer en nature, c'est reconnaître la validité d'un paiement en nature. Certes, pour donner à la loi un plein
effet, une sanction s'impose autre que celle qui résulte
du droit pour l'ouvrier de demander un second paiement en argent, sanction qui se résout à la simple obligation de donner la soulte, s'il y a lieu, du salaire dû en
argent.

Pour atteindre vraiment le patron dans ses intérêts et
lui causer un dommage assez sérieux pour qu'il n'use pas,
malgré l'interdiction, du paiement en nature, on peut

prendre à son égard deux sortes de sanctions : ou bien
lui enlever la propriété du premier paiement ou bien le
condamner à une amende dont le chiffre est fixé pour
chaque infraction.

La première mesure, qui consiste à enlever au patron
la propriété du premier paiement, est usitée par la loi
allemande. L'ouvrier, avons-nous décidé, conformément
aux principes des obligations conventionnelles, est déclaré comptable de son enrichissement. Mais ce n'est pas
au patron qu'il en doit compte. En effet, cette décision
est heureusement fondée, parce que le patron diffère du
débiteur qui a payé entre les mains d'un incapable. Celui-ci toujours agira de bonne foi. Celui-là, au contraire,
agit souvent par esprit de spéculation. Il veut réaliser un
injuste bénéfice sur le salaire de l'ouvrier en le payant
en nature. Il est juste qu'il en souffre. Mais il serait peu
moral d'attribuer à l'ouvrier lui-même la propriété du
premier paiement, et quelquefois cela serait injuste. La
solution adopté par la loi allemande est donc heureuse.
Le premier paiement, d'après cette loi, si celui qui l'a
reçu l'a encore entre les mains ou s'en est enrichi, revient à la caisse de secours dont fait partie l'ouvrier, en
l'absence d'une telle caisse à une autre caisse fonction-
nant au même lieu dans l'intérêt des ouvriers et laissée
au choix de l'autorité communale, et, à défaut de celle-

ci, à la caisse locale des indigents. On ne saurait, certes, trop louer cette disposition de la loi allemande. Elle vient ainsi en aide à d'utiles institutions au moyen de subsides dont l'attribution soit au patron, soit à l'ouvrier ne serait pas sans soulever les plus graves objections.

Une autre sanction pour amener le patron à ne pas se servir du paiement en nature consiste à lui appliquer une amende toutes les fois que la loi sera violée, tout en lui laissant la propriété du premier paiement. C'est là le moyen employé par la plupart des législations étrangères, ainsi que nous avons pu le voir. D'ailleurs, les Etats qui ont eu recours à ce moyen de répression ont eu généralement la main très lourde et de fortes amendes sont prononcées contre les délinquants.

CONCLUSION

L'interdiction du paiement des salaires en nature est-elle une bonne mesure et s'imposait-elle ? C'est là la question qu'il nous reste à examiner et qui sera la conclusion, selon l'avis que nous adopterons, de notre travail.

Nous devons avant tout faire une distinction, qui d'ailleurs a toujours présidé à nos considérations, entre le paiement en nature fait aux domestiques, agricoles et de la petite industrie et celui fait aux ouvriers de la grande industrie.

Pour les premiers le paiement en nature doit subsister tel qu'il est pratiqué. On ne peut pour cette classe de travailleurs songer à l'interdire sans aller au devant de certains usages et de certaines nécessités qui en imposent

la pratique. Cette question a été minutieusement exami-
née par nous. Nous avons autant que possible mis en
relief les considérations et cité les faits qui militent en
faveur du maintien de ce mode de rénumération du travail pour ces catégories de travailleurs. Jamais le paiement
en nature employé à l'égard de ces ouvriers n'a donné
lieu à de vives récriminations, jamais de grèves ni d'action
collective ne se sont produites tendant à son interdiction.
Le paiement en nature est là plus qu'une bonne institution, il est une institution nécessaire. Nous devons en
proclamer le maintien et reconnaître d'ailleurs, à la
louange des législateurs de tous les pays, qu'aucun gouvernement, qu'aucun Parlement n'a essayé d'y porter
atteinte.

Mais, pour les ouvriers industriels la question n'est
plus la même. Nous avons vu que pour eux il fallait
employer des modes dérivés du paiement en nature. La
tradition simple et directe, si pratique et si utile aux
ouvriers domestiques, agricoles et de la petite industrie,
est impossible pour les ouvriers de la grande industrie.
Il a fallu pour eux recourir aux modes dangereux de la
vente à crédit avec compensation et du paiement en bons
ou jetons. Ces procédés de paiement sont pleins de danger pour ces ouvriers et peuvent devenir des armes ter-
ribles de spéculation entre les mains de patrons peu

scrupuleux et désireux d'augmenter leurs bénéfices par
une diminution frauduleuse des salaires conventionnel-
lement dus par eux.

Des voix cependant se sont élevées protestant contre
une réglementation du paiement des salaires au nom de
la liberté des conventions. Ecoutons les directeurs de la
société anonyme Austro-Belge dont la déposition existe
dans les documents de l'enquête belge de 1886 :

« Interdire législativement le paiement en nature ! Et
pourquoi ? L'engagement d'un ouvrier constitue un
contrat entre deux parties ; qu'y a-t-il de délictueux à
stipuler dans ce contrat librement consenti et signé par
elles, que le salaire sera complètement ou partiellement
touché en nature ? Ce système est très mauvais, il est
rempli d'inconvénients, mais il est parfaitement licite.
Qu'il soit indiqué que ce contrat ne pourra être invoqué
et mis à exécution que lorsqu'il aura été prouvé par des
documents écrits et signés, autrement le salaire sera exigible en espèces, je le veux bien ; mais que, de grâce,
on laisse l'ouvrier dans le droit commun et constitu-
tionnel : qu'on évite, système suranné, toute mesure
d'exception pour ou contre lui. En faisant de sa corporation une nation dans la nation avec une réglementation
spéciale, on assume une responsabilité dangereuse et
inutile ; les récriminations d'aujourd'hui de l'ouvrier

pourront demain légitimer, à ses yeux, des revendications auxquelles il sera d'autant plus difficile de résister qu'on sera rentré dans la voie des précédents ».

Ce raisonnement nous paraît provenir d'un libéralisme trop large pour ne pas être intéressé. Il est prouvé surabondamment que le paiement des salaires en nature est un moyen facile de spéculation, et hélas! trop employé, envers les ouvriers. Le législateur a le droit strict de protéger contre un patron, fort par sa situation sociale, ses capitaux et son crédit, l'ouvrier qui individuellement ne peut lui résister. Ce n'est pas faire œuvre de partialité, ni privilégier en aucune façon les ouvriers que de les parer contre les dangers qui les menacent. Et la meilleure preuve est que dans l'espèce qui nous occupe la protection des ouvriers a été effectuée par des Etats dont le principe gouvernemental est en opposition avec l'idée de concessions possibles en faveur des classes ouvrières. Et certes, c'est peut-être la meilleure façon de canaliser et discipliner cette énorme force du monde travailleur que de lui donner satisfaction sur les points qui manifestement lui sont prétexte de légitimes revendications. Quant à laisser les ouvriers résister par leur union et leur groupement contre leurs patrons, actuellement, cette résistance ne peut être efficace. Les ouvriers ne savent pas encore apporter entre eux un esprit suffisam-.

ment conciliateur pour défendre en commun des intérêts pour lesquels individuellement ils ne sauraient lutter avec succès. Le législateur doit, et pour longtemps il en sera ainsi, protéger dans la société les classes plus faibles contre les exactions des classes plus fortes et mieux armées. Le devoir d'un gouvernement est de maintenir dans un harmonieux essor les diverses forces sociales et d'interdire la mise en pratique du principe de la lutte pour la vie. Le « struggle for life » est contraire à toute justice sociale et à ces sentiments civilisés de la charité et de la pitié. Un Etat doit aussi bien aider les classes inférieures à ne pas être absorbées par les classes supérieures au nom de la justice qu'à celui de la bonté. L'être inférieur et faible doit avoir autant de droits, autant de possibilités de s'élever au niveau supérieur que ce que l'être supérieur doit en avoir de s'y maintenir. C'est là l'application de cette merveilleuse maxime d'égalité dans les droits qui a fait verser tant de sang.

Donc, le législateur accomplit sa mission en préservant l'ouvrier contre les spéculations auxquelles se livrent des patrons peu scrupuleux au moyen du paiement des salaires en nature. Et s'il nous arrivait de regretter l'intervention de la loi en pareille matière, ce ne serait jamais que parce que nous voudrions les classes ouvrières assez fortes, assez groupées pour opposer à la puissance de ceux qui les exploitent l'union de leurs efforts et à la protection de la loi la défense personnelle de leurs intérêts.

VU,

Le Professeur, président de la Thèse,

Edouard JOURDAN.

VU,

Le Doyen,

BRY.

Vu et permis d'imprimer,

LE RECTEUR,

BELIN

TABLE DES MATIÈRES

LE PAIEMENT DES SALAIRES EN NATURE

PREMIÈRE PARTIE

**Théorie générale du Paiement des salaires
en nature.**

DEUXIÈME PARTIE

Applications et Interdiction du paiement des salaires en nature.

———

CONCLUSION

www.ingramcontent.com/pod-product-compliance
Lightning Source LLC
Chambersburg PA
CBHW070524200326
41519CB00013B/2919